ITALIAN TEXTS

Morte accidentale di u... ...

MANCHESTER
UNIVERSITY PRESS

ITALIAN TEXTS

general editor   Professor David Robey, Department of Italian Studies,
University of Manchester

founding editor Kathleen Speight

The Italian Texts series aims to make accessible to university and sixth-form students a wide range of modern writing, both literary and non-literary. The emphasis is on twentieth-century texts in a variety of registers and voices, with a special interest in the relationship to Italian society and politics. In line with contemporary conceptions of Italian studies, the texts are chosen not only as an introduction to creative writing, but also as an introduction to the study of modern Italy. All texts are accompanied by a critical introduction in English, which sets the material in its social and cultural contexts, and by notes that elucidate the more complex linguistic constructions, as well as by an extensive vocabulary.

also available

The Italian Resistance: an anthology
ed. Philip Cooke

Understanding the mafia
ed. Joseph Farrell

Pirandello *Three Plays: Enrico IV, Sei personaggi in cerca d'autore* and *La giara*
ed. Felicity Firth

Fo *Morte accidentale di un anarchico*
ed. Jennifer Lorch

Italian journalism: a critical anthology
ed. Robert Lumley

Pirandello *Novelle per un anno: an anthology*
ed. C. A. MacCormick

Novelle del novecento: an anthology
ed. Brian Maloney

Italian fascism/antifascism
ed. Stanislao Pugliese

Silone *Fontamara*
ed. Judy Rawson

Sciascia *Il giorno della civetta*
ed. G. W. Slowey

Pavese *La luna e i falò*
ed. Doug Thompson

Italian women writing
ed. Sharon Wood

Dario Fo
Morte accidentale di un anarchico

edited with introduction, notes and vocabulary by

Jennifer Lorch

Manchester University Press
Manchester and New York

distributed exclusively in the USA by Palgrave

Published by Manchester University Press
Oxford Road, Manchester M13 9NR, England
and Room 400, 175 Fifth Avenue, New York, NY 10010, USA
http://www.manchesteruniversitypress.co.uk

Distributed exclusively in the USA by
Palgrave, 175 Fifth Avenue, New York, NY 10010, USA

Distributed exclusively in Canada by
UBC Press, University of British Columbia, 2029 West Mall,
Vancouver, BC, Canada V6T 1Z2

British Library Cataloguing-in-Publication Data
A catalogue record is available from the British Library

Library of Congress Cataloging-in-Publication Data
Fo, Dario.
    Morte accidentale di un anarchico / Dario Fo: edited with an
introduction, notes and vocabulary by Jennifer Lorch.
        p.   c.m. — (Italian texts)
      ISBN 0-7190-5173-8 (cloth) — ISBN 0-7190-3848-0 (pbk)
      I. Lorch, Jennifer. II. Title. II. Series.
    PQ4866.02M6   1997
    852'.914—dc21   97-14287

ISBN 0 7190 5173 8 *hardback*
ISBN 0 7190 3848 0 *paperback*

First published 1997

04   03   02   01   10 9 8 7 6 5 4 3 2

Typeset in Times
by Koinonia, Manchester
Printed in Great Britain
by Bell & Bain Ltd, Glasgow

FAY Can an accidental death be arranged?
TRUSCOTT Anything can be arranged in prison.

Joe Orton, *Loot*.

Contents

Acknowledgements

Grateful acknowledgement is due to the following for permission to reproduce copyright material: Giulio Einaudi (the text of *Morte accidentale di un anarchico* and *Due note sulla rappresentazione* from *Le commedie di Dario Fo,* vol. VII of *Le commedie di Dario Fo*, Einaudi, Turin, 1974); Giangiacomo Feltrinelli Editore (quotations from Camilla Cederna, *Pinelli, una finestra sulla strage,* Feltrinelli, Milan, 1971); *The Guardian* (Ed Vulliamy, 'In a sick and septic state', 27.07.1993); Kaos Edizioni (extracts from 'Anarchico Arlecchino', chapter 2 of Dario Fo, *Fabulazzo*, Kaos Edizioni, Milan, 1992); Methuen (quotations from Ed Emery's translation of *Morte accidentale di un anarchico* in Dario Fo, *Plays: One*, Methuen Drama, London,1994; Dario Fo, *Accidental Death of an Anarchist*, adapted by Alan Cumming and Tim Supple, Methuen Drama, London, 1991; and Joe Orton, *The Complete Plays*, Methuen Drama, London, 1988 [1976]); Arnoldo Mondadori Editore (quotations from Piero Scaramucci, *Licia Pinelli, una storia quasi soltanto mia*, Mondadori, Milan, 1982); Edizioni Samonà e Savelli (quotations from G. Savelli (ed.), *Controinchiesta*, Rome, 1970 and 1977).

Every effort has been made to trace the copyright holders of extracts that have been used in this publication and any person claiming copyright should contact the publishers.

I wish also to record my thanks to the staff of the library of the University of Warwick, to Pauline Wilson of the University's Computing Unit for advice on word processing, and to the University itself for study leave which has enabled me to complete this edition.

In the preparation of this volume I have been much helped by people who have worked in this area and wish here to record my gratitude to them; in particular to Paul Ginsborg and Robert Lumley whose works, *A History of Contemporary Italy* and *States of Emergency*, are essential reading for anyone wanting to understand the period; and to Camilla Cederna and the radical journalists of *La strage di stato* whose insight into the intricate issues of the times have thrown light on the text of the play published here. I have also been greatly supported by friends and colleagues who have shared their knowledge with me: in particular, Charles Burdett, Christopher Cairns, Mirne Cicioni, Emanuele Cutinelli-Rendina, Julie Dashwood, Robert Gordon, Giulio Lepschy, Claudia Manera, Diana Modesto, Loredana Polezzi, Albert Sbragia and Sergio Sokota.

I wish also to give special thanks to Meg Stacey for her expertise in idiomatic English and for her loving support and encouragement; and to co-teacher and colleague, Tony Howard, for his wonderfully stimulating lectures and seminars on modern and contemporary theatre, and in particular, for sharing his thoughts on farce and political theatre. I am very grateful to David Robey, the series editor, for his unfailing support, patience and attention to detail; and to the copy-editor, Paola Tite, whose detailed knowledge of the period, in addition to copy-editing skills, made her an invaluable reader of the text and rescued me from a number of mistakes. Any that remain, of course, are wholly mine.

Introduction

Morte accidentale di un anarchico is an iconoclastic farce. It deconstructs the images of authority and exposes how ordinary people are controlled – and sometimes killed – by those who have power invested in them. It is also a constructive text; beneath the explicit satire and farce there is an implicit statement about how society might be better organised. It is a play that can be enjoyed by people wherever they are and whatever their system of government who are critical of authority and/or want to change the world. The text, however, is full of the specifics of its times and its place, Italy of the late sixties and early seventies, and in order to understand these specifics and to catch the flavour of the period, readers need a basic knowledge of Italian history from the end of the Second World War to the early seventies. The first part of this introduction therefore aims to provide the reader with sufficient information to enable an understanding of the context of the play. (Readers will find further details in the notes to the text.) Dario Fo's theatre is a radical theatre; the plays he wrote, and particularly those from 1968 onwards, were informed by his understanding of certain political thinkers – for instance, Marx, Lenin, Gramsci and Mao Tse-tung. The second part of this introduction will offer a broad outline of Fo's political thinking and refer particularly to those ideas relevant to the play printed here. Fo's theatre is not only radical in its content, covering issues such as the oppressive regime in Chile (*La guerra del popolo in Cile* – The People's War in Chile), persecution by the police (*Pum! Pum! Chi è? La polizia!* – Bang! Bang! Who's there? The Police!), and the struggles of the Italian working class (*Tutti uniti! Tutti insieme! Ma scusa quello non è il padrone?* - All united! All together! But excuse me, isn't that the boss?); it is radical also in the form his plays take and in his methods of theatre making, and these issues will be addressed in the third section of this introduction. The fourth section is devoted to an analysis of the play.

Italy 1945–1969

Historical and political context

The content of *Morte accidentale di un anarchico* might be thought to be the imaginative inventions of a witty writer; in fact, the material of the text

1

is furnished by political events of the late sixties and early seventies. The 'absent hero' of the play, the anarchist railway worker, whose accidental death is being investigated in the play's two acts, was Giuseppe Pinelli, arrested, along with others, on 12 December 1969, on suspicion of being involved in the bomb explosion in Piazza Fontana in Milan on the same day, which killed sixteen people and wounded about a hundred others. This bomb attack was the largest of a series which had peppered civic life in Italy during 1969 and would continue to unsettle the country in future years; it took place a day after the signing of the Labour Charter, a contract between trade unions and government, in which workers consolidated real gains that were made during the *autunno caldo* of 1969. During that autumn over one and half million workers had come out on strike, supported by student involvement. It seemed to many at the time, and not least to many of the workers themselves, that Italy was close to a socialist revolution. It was therefore important to the Government to attribute the social disturbance, and in particular the Piazza Fontana bomb attacks, to ultra-left and anarchist groups, whose thinking was behind the industrial disruption. What was not generally known at the time and took painstaking investigative journalism to uncover, was that the process of destabilisation was not the work of left-wing extra-parliamentary groups but of extreme right-wing groups. Furthermore, these groups had the sanction of the Government, and were operated by forces controlled by the State. The Piazza Fontana bombs were later thought to be connected to the work of a secret inter-governmental organisation, Gladio, itself organised under the auspices of NATO.

To understand the Italian situation in the late sixties which came to a head in the Piazza Fontana bomb, it is helpful to look back into Italy's post-Fascist history. Four factors have dominated Italian history since the fall of Mussolini (1943) and the end of the Second World War (1945): the link between the Roman Catholic Church and the ruling political party, the Christian Democrats, who held power without interruption from 1946 to 1994; the particular nature of the Communist Party, the largest in Western Europe and the only Italian party which was any threat to the Christian Democrats; the difference between the North with its industrial base and the largely agricultural South; and the special relationship between Italy and the USA. These four factors were in turn influenced by, and in some instances, caused by, the particular situation of Italy at the end of the Second Word War. Invaded by both Nazi Germany and the Allies (America and the UK), Italy was a troubled and divided country, devastated by the war with many of its inhabitants living in abject poverty. This sense of division – areas of Italy had in fact been the site of civil war with Italian partisans fighting Italian Fascists as well as German Nazis –

2

was not healed by the first of the major decisions taken by Italians in the immediate post-Fascist period. In a referendum held on 2 June 1946 (in which women could vote for the first time) the country decided by 12,717,923 votes (54.2 per cent) to 10,719,284 (45.8 per cent) to become a republic. These figures of clear victory for the Republicans concealed a difference in voting patterns. The South, less affected by Fascism and therefore largely untouched by the monarchy's association with it, returned a pro-monarchy vote, in some areas up to 80 per cent of people favouring its retention.[1] This division is still patently visible in the rise of the regional leagues (the 'Liga Veneta' and the 'Lega Lombarda' in the eighties and the 'Lega Nord' in 1990).

Ostensibly a monarchy, ruled by the House of Savoy which before unification in 1860 had been the Royal House of Piedmont, Italy had in fact been ruled by a Fascist government since 1925. Given this situation, the struggle against Fascism became the all important issue and linked men and women of different political orientation. When the Communist leader, Togliatti, returned from Moscow in 1944, he made it plain that the main aim of Italian Communists at that time had to be the liberation of Italy, not a socialist revolution. Unlike Tito in Yugoslavia who aimed for the rule of the proletariat, Togliatti looked towards 'progressive democracy' and saw amongst those who were not of Communist persuasion 'a mass of workers, peasants, intellectuals and young people who basically share our aspirations because like us they want a democratic and progressive Italy'.[2]

Togliatti's humane vision of people having similar aspirations to his own in political parties ideologically opposed to Communism, was not echoed by the Catholic Church in the person of its leader, Pius XII. Pius XII is a controversial figure of the Fascist and Second World War period for until 1943 he did not intervene in the political situation in Italy with any opposition to Fascism. After the invasion of Italy in 1943, however, the Pope felt it necessary to have a different response. In 1929, with the crucial agreement referred to as the Lateran Pacts, the Church had recognised the State (hitherto considered illegitimate) in exchange for the State agreeing to adopt Catholicism as the State's religion, and now that the State was threatened the Pope decided that the Church must play its part. Rather than seeing politically virtuous aspirations across the spectrum of the political parties he chose, cautiously at first but later much less so, to support the Christian Democrats, and it was this support that transformed the Christian Democrat Party from 'a talking-shop to a mass party'.[3]

The Christian Democrat Party was a new party formed in 1942 as a Catholic rather than socialist opposition to Fascism, but counted among its members former supporters of the Partito Popolare (Popular Party) which had folded in 1926. Its leader, who was to play a decisive role in post-Fascist Italy, was Alcide De Gasperi, the last general secretary of the former Partito Popolare, firmly anti-Fascist (he had served sixteen months of a four year sentence after Mussolini had banned all opposition to the government in 1926), strongly anti-Communist and a devoted Catholic who had worked in the Vatican library during the thirties. Two men who were to become prominent political figures, Aldo Moro and Giulio Andreotti, both young graduates at the time, were among the party's early members. The party presented itself as both a conservative party and an interclass party, preserving pre-Fascist values but responding to the needs of the times. From the start they were the party that supported small businesses, and put forward ideas to make all urban workers and peasants into property owners, thus aiming to disperse proletarian socialism without conflict.

In the first elections held at the same time as the referendum voters were asked to elect members of the Constituent Assembly. It was, however, the next elections, held in April 1948 after the collapse of the anti-Fascist coalition in May 1947, that were to set the polarities of right and left, Catholic and Communist. Although no one could have foreseen this at the time, attitudes assumed and positions taken in the months before these elections were to remain set for the next half century. The beginning of the Cold War in 1947, which divided Europe into two opposing blocks, polarised even more divisively Catholic and Communist thinking. And Italy's relationship with the USA, born of a mutual if differing need, became more intense during these months. A strange mix of Catholicism, Americanism and anti-Communism was to be Italy's dominant ideology and was forged between the end of Fascism and the second general election.[4]

The Americans had voiced their awareness of the 'Communist threat' as early as 1945 when Secretary of State Joseph Crew stated that America's objective in Italy was to strengthen the country economically and politically 'so that truly democratic elements of the country can withstand the forces that threaten to sweep them into a new totalitarianism'.[5] This ideological position was backed by economic need: with Europe poor and in disarray, the USA had little outlet for their goods, and it was therefore in their interest to rebuild Europe as quickly as possible so as to create trading possibilities on which the American economy could be sustained. The Marshall Plan, as the European Recovery Plan became known after its inventor George Marshall, Secretary of State, was launched in the summer of 1947 and with it came shiploads of food, new schools, hospitals, and bridges; and no effort was spared to ensure that Italians knew where this munificence was coming from. There was no doubt which party the American Government was backing. In the run-up to the election George Marshall himself declared that all aid to Italy would stop if there were a Communist victory.For its part the Catholic Church put its massive organisation behind its decision to support the Christian Democrats. The mutual support between the USA and the Church is perhaps best exemplified in the statement made by Cardinal Spellman in the presence of President Truman one month before the elections: 'I cannot believe that the Italian people ... will choose Stalinism against God, Soviet Russia against America – America who has done so much and stands ready and willing to do so much more, if Italy remains a free, friendly and unfettered nation.'[6]

All these efforts reaped their success. The Communists and Socialists joined forces for the election period and became the Democratic Popular Front, but even so the Christian Democrats won an overall majority, while the Popular Front suffered a loss compared with the results in 1946. The Communists, however, had gained. For a brief moment, in the demonstrations following the attempt made on Togliatti's life in July 1948, it looked as if, despite the election results, a socialist revolution was imminent, but the moment passed. From 1948 until 1994, although Italy sported a number of political parties, the political spectrum was dominated by the two major forces for right and left, the Christian Democrats and the Communist Party, a situation reflected in the popular novels by Guareschi about Don Camillo, the parish priest, and Peppone, the Communist mayor.

Although the Christian Democrats were never again to have such a definitive victory in the elections, their claim to be the dominant party was fully justified during the fifties and early sixties. In addition to support from the USA and the Church (which, for instance, excommunicated all Communists in 1949), they increased their own strength by an interventionist home affairs policy. With American aid the Cassa per il Mezzogiorno was set up in the South, and the Government created state holding companies, IRI (Istituto per la Ricostruzione Industriale) and ENI (Ente Nazionale Idrocarburi). Though not losing their interclass flavour, the Christian Democrats continued to support the middle classes and the aspirations of the individual with such policies as generous state pension schemes and the encouragement of personal enterprise.

To a large extent these policies were successful. In the early fifties, Italy had been a largely agricultural country and, compared with other western European countries, an undeveloped one. By the end of the fifties there was talk of 'the economic miracle'; by the next decade Italy had become a competitive car (Lancia and FIAT), typewriter (Olivetti), and electrical appliance (Candy, Zanussi, Ignis) manufacturer. The association of prosperity with the USA continued, for the American aid to Italy had the effects the Americans had hoped for. This is the beginning of the period of the consumer society. As Italy modernised, it grew materially more prosperous and its citizens became increasingly interested in consumer products.

Both the Church and the Christian Democrats on the one hand and the Communist Party on the other, responded to the new political situation. After the excommunication of the Communists in 1949 the great crusade to bring Communists back to the Catholic fold was launched in 1950, the Jubilee Year. The 'Azione Cattolica', the 'Confederazione di Cooperative Italiane' (which had well over 2,000,000 members by 1962) and the 'Pontifica Opera di Assistenza' all provided a Catholic presence in different aspects of the lives of citizens. The Christian Democrat party founded the 'Coldiretti' in 1944 to look after the interests of peasant proprietors, which had its own fortnightly magazine and educational programme for young farmers. Catholic workers were represented by the CISL (Confederazione Italiana dei Sindacati Liberi).

The Communist Party had its ways of attempting to unite working men and women and of attracting them to their party. The CGIL (Confederazione Generale Italiana dei Lavoratori) both initiated and supported strikes in various factories, but despite the length of some none were successful, due at least in part to American interference. The Communist Party along with the Socialists were more successful on a social level, however. Both the Case del Popolo (Houses of the People) with their medical centres, entertainment areas and even public baths in some cases, and the Feste dell'Unità, local fund-raising events which provided much fun for Communist and non-Communist alike, permeated the social fabric.

Whereas there was a unity of interest between the Catholic Church and the Christian Democrat Party, the Italian Communist Party found it less easy to provide an integral ideology for its members. The Communist Party's world-wide aims and objectives did not always sit comfortably with the needs and desires of Italian Communists. The events of 1956 represent this divide only too well. It was at the 20th congress of the Russian Communist Party in February of that year that Kruschev intimated that individual countries' Communist parties might find their own way to socialism, and denounced Stalin. This came as a huge shock to many Communists. Later the same year the Hungarian revolution and Soviet Russia's response with its invasion of Hungary was even more divisive. The leaders of the Italian Communist Party supported the Russian action and publicly said so, but many of the members did not. The party lost about 400,000 members, a number of them prominent thinkers and writers, including Italo Calvino.[7] Perhaps of greater significance was the severance between the Communists and the Socialists. The Socialists, under the leadership of Pietro Nenni, condemned the Russian invasion of Hungary and did not renew their pact of unity with the Communists, and a number of those who left the Communist Party joined the Socialists. This split came to be influential on discussions about the possibility of a centre-left government which took place from 1958.

With defections from the Communist Party and increasing prosperity in the country, the situation as described could give the impression that all was going well for the ruling powers in Italy in the early sixties. But it is now that the divide between city and country, North and South, so patently not healed by unification nor by republicanisation, revealed itself even more clearly. The successful industries and the accompanying prosperity were in the northern cities – Olivetti in Ivrea, Pirelli in Milan, FIAT in Turin – while the 'Cassa per il mezzogiorno' had helped to improve life for some individuals but had done little to provide an industrial base for the South. During the latter part of the nineteenth century and the early part of the twentieth century many of Italy's rural poor tried to alleviate their situation by emigrating abroad. Now the new meccas were the big cities and it was to urban centres within Italy and Europe (in particular in Germany) that Italy's hopeful rural poor turned. This period is characterised by an exodus from the land and this in turn created problems in those cities which experienced an invasion of the new work force. The city of Turin increased its population from 719,300 in 1951 to 1,124,714 in 1967, to become the third largest 'southern' city after Naples and Palermo with its influx of migrants from Foggia, Bari and Reggio Calabria.[8] And there was a similar situation in Milan, the setting for Visconti's now famous film, *Rocco e i suoi fratelli*, which shows some of the problems caused by this internal migration.

A discontent was beginning to spread through civil society which neither left nor right were to prove able to address. This discontent was felt most keenly in specific sectors, namely the workforce and the student population. The year 1962 marks the beginnings of the unrest that was to characterise Italy's political and social life for about two decades. In the summer of that year an urban riot took place in the Piazza Statuto of Turin, resulting from strikes at leading factories in the city, Lancia, Michelin and FIAT, in connection with the demands of the metal workers for a reduction in the working week, a lessening of pay differentials and more space for trade unionism within the factories. 1962 also marked the beginnings of unrest in the educational sector. The Education Act of that year established mass secondary school education in Italy, bringing the country belatedly in line with other Western European states. In 1965 the *numerus clausus* (fixed quota) and entrance examinations to universities were abolished with the result that any student gaining the school leaving certificate had the right to study at university. Though expenditure on education rose from fifth to first place during the years 1966–69, little of that expenditure went on new buildings and facilities, with the result that there was severe overcrowding. The possibilities for disturbance which had been carefully avoided earlier in the South with the isolationist policies of the Cassa per il Mezzogiorno, were facilitated by the new mass education. Furthermore progressive elements in the Christian Democrat Party established Italy's first sociology department in Trento University, with the intention of bringing a progressive consciousness to industrial thinking, but in fact providing a seedbed for student protest.[9]

Protest stemmed from new ideas to the left of the Communist thinking embodied in European Communist parties. 1961 and 1962 mark the beginnings of two short-lived but important periodicals, *Quaderni Rossi* and *Quaderni Piacentini*, which, along with *Classe operaia* carried much of the new thought. It was in these journals that the notion of *autonomia operaia* was discussed, understood as autonomy from capital. As expressed by Mario Tronti, one of the founding members of the political movement Potere Operaio, this meant overturning the hitherto accepted relationship between capital, work and the worker. 'We have worked with a concept that puts capitalist development first and the workers second and this is a mistake. Now we have to turn the problem on its head … and start again from the beginning: and the beginning is the class struggle.'[10] It is radical rethinking of this kind, rather than revision, that characterised sixties thought.

Between 1962, with its early warnings of industrial and educational discontent, and 1968, the year of open conflict, successive governments talked a lot and did little.The period of economic growth was, in Paul Ginsborg's words, 'a time of missed political opportunity'.[11] Reforms that were sorely needed (e.g. in the areas of education, poverty in the South, outdated agricultural methods, the relationship between the citizen and the state) were talked about but not implemented. And the opportunities were there. In 1962 Aldo Moro, then secretary of the Christian Democrats, persuaded the party, including the followers of the right-wing Giulio Andreotti, of the advisability of 'opening to the left', and the first centre-left government was formed the same year. The election of John Kennedy to the American presidency (1961) resulted in a benevolent response to the possibility of a centre-left government in Italy; and the election of Pope John XXIII (1958), following the death of Pius XII, created changes in the Church's attitude to the State. Not only was the Papacy sympathetic towards a centre-left government, it also made it plain that it would abandon its interventionist role in national politics.

8

Yet, instead of being a period of incisive change, there was much talk of reform and reforms, but few real changes: the Christian Democrat Party was more anxious to maintain the unity of the party and its hold on the State than to institute reforms that would keep the country together.

The unrest and violence that characterised Italian life in the sixties and seventies had other causes apart from the Christian Democrats' failure to respond to the needs of the changing political and social climate. The Communist Party too failed to meet the new situation and relied too much on the rigid and stagnating party machine. The post-war Communist Party was largely built on Resistance values and produced little innovative thinking from within its ranks. Symptomatic of this situation was the drop in membership of the Communist Youth Federation during the sixties.[12] The American involvement in the Vietnam war, the cultural revolution in China and the death of Che Guevara were three factors outside Italy affecting people's attitudes. American soldiers in the Vietnam War (during which the USA and their allies tried unsuccessfully to prevent the communism of the north spreading to the south) provided a very different image of the USA: no longer one of benign plenty, consumer goods, pinball machines and juke boxes, but of brutal and aggressive men slaughtering innocent Vietnamese villagers. The cultural revolution in 1966–67 in China offered an alternative to the orthodox Soviet model. Young people across Europe identified with the peasants in North Vietnam and their guerrilla resistance to the American oppression, and with the peasants in China who were creating, it seemed, their own cultural revolution. The execution in 1967 of Che Guevara, the Argentine revolutionary leader, who left a post in Fidel Castro's Cuban government in 1965 to become a guerrilla leader in South America, provided another influential role model for Europe's youth. And by 1968 the student movement in other European countries, particularly in France and Germany, lent support to the Italian students' cause.

Growing discontent among students during 1966 became much more evident in 1967 in the reaction to the proposals of the Minister of Education, Luigi Gui, which included separating teaching from research universities, re-instituting the *numerus clausus*, and providing different kinds of diplomas and degrees. To a mass of students fighting to reduce hierarchies, to make contact with workers, the rigidity of these proposals was totally unacceptable. They expressed their views by occupying the universities, at first peacefully. In March 1968, however, the tide changed: in what came to be referred to as the 'battle of Valle Giulia', now a mythic landmark in the student struggle, the students responded with a violence of their own when the police used tear gas and truncheons to break up a demonstration in Rome. This incident proved a turning point in the movement: violence became part of the culture of student protest – in the words of the graffiti, 'a revolutionary pacifist is like a vegetarian lion'.[13]

Alongside the student revolution workers were voicing their own demands with effect. What were their demands? In addition to better pay, shorter hours, smaller differentials between rates of pay, and safer conditions, workers argued that they should be paid a wage that was not linked to company profits or the economic situation; their pay should be independent, or, to use the word of the times, 'autonomous'. The strikes were linked to the annual agreement or national contract for a particular group (*scioperi articolati*), for instance, rubber workers or metal workers. In the execution of the strikes the workers and students used an imaginative range of tactics including the 'hiccup strike' (*sciopero a singhiozzo*, i.e. short stoppages during the working day) and the 'chessboard board' strikes (*sciopero a scacchiera*, when groups of workers went on strike at different times in different parts of the factory), which succeeded in totally confusing management.[14]

The most decisive factor in the unrest of the late sixties and early seventies was the way in which previously separate groups came together to make common cause. In their attempts to contain shop floor agitation the three main unions, the Communist ard Socialist CGIL, the Catholic CISL, and the UIL all presented a united front. But more significantly, in what is now referred to as 'the era of collective action',[15] students and workers operated in unison. The students became aware that if they were to effect their radical ideas of change, and create a society that allowed for direct participation in its government, then they would have to carry the working class with them. During the year from the autumn of 1968 to the autumn of 1969, later referred to as the *autunno caldo*, the two groups worked together to produce disruption, to change the system, to create a socialist alternative to capitalism.

During this period a number of new political groups came into being: the Leninist Avanguardia Operaia based in Milan, which drew its members from the science faculties of the State University and from industry; the Movimento Studentesco, also based in Milan and Stalinist in the main; Potere Operaio, another Leninist group based in Turin; Il Manifesto, a breakaway group from the Communist Party which published a long-lasting and important daily newspaper of the same name; and perhaps the most influential of these new groups, the libertarian Lotta Continua, which was responsive to grass-roots movements and was not ideologically rigid.[16] Their newspaper, also called *Lotta Continua*, was one of the most successful of the far left publications and was to play a large part in the real life drama from which Fo took the material for his play.

In the late autumn of 1969 the workers made decisive gains. As in 1962 so in 1969 it was the mobilisation of the metal workers for the negotiations over their national contract that brought out the greatest numbers. But during that *autunno caldo* many sectors came out on strike and disruption was experienced in many walks of life.

While large sections of the working population were becoming more articulate and self-confident, by the autumn of 1969 there were also many others who felt impotent and inarticulate – anxious parents with sons and daughter involved in the student movement, for instance. As Robert Lumley has put it, the shift in the country by the end of 1969 was from 'moral panic, in which 'extremists' were identified as 'trouble makers', to a general panic about social order, in which violence was identified as the symptom of a more widespread malaise'.[17] There was a real fear of a socialist take-over – at no time since the mass uprisings after the attempt on Togliatti's life in 1948 had Italy been as close to a socialist revolution.

These, then, were some of the factors which led to the immediate action against the anarchists in December 1969 and it is at this point that we return to the 'absent hero' of Fo's play, Giuseppe Pinelli, the anarchist, who now enters history. Soon after the explosion in Piazza Fontana, Judge Amati, later to be involved in the case, telephoned the police headquarters in Milan and told them to look for the perpetrators amongst anarchist groups. Giuseppe Pinelli and Pietro Valpreda were two of a large number of anarchists and members of extra-parliamentary groups that were detained over the weekend.

The arrest of Giuseppe Pinelli

Pinelli was a forty-one-year-old family man who lived with his wife, Licia, and two daughters, Silvia and Claudia, and his ever-increasing library in a two-roomed flat in Via Preneste. Pino, as he was called from the diminutive Giuseppino, had met Licia at Esperanto classes in October of 1952. It was the ideals of Esperanto that brought them together, that a common language would bring people to a mutual understanding and would eliminate friction and hence war. By February 1953 they were engaged: two years later they married. When they met she was a secretary (she had begun work at the age of thirteen) and he was unemployed. Later he found work as a packer in a warehouse and subsequently with the railways. Both had backgrounds of political commitment. Pino's father was a socialist, Licia's an anarchist. Pino had begun to be interested in anarchism when he was a dispatch rider for the partisan group 'Franco' in Milan in 1943, when he was fifteen; Licia joined the Communist Party at the end of the war. During the early years of their married life together they were more interested in each other than in practising politics, and, as

Licia recorded some years after the death of her husband, it was the presence of their children and her extra work in the home that made her encourage her husband to 'go and find his Esperanto friends again'. In fact, he began attending anarchist meetings and made many friends. His anarchism was based on ideas of peaceful and willing collaboration between peoples, conscientious objection and non-violence. A few days before he died, Pinelli had sent a copy of his favourite book, *Anthology of Spoon River*, to a fellow anarchist detained in prison and accompanied it with a letter in which he reminded his friend that:

> l'anarchismo non è violenza, la rigettiamo, ma non vogliamo subirla. Esso è ragionamento e responsabilità e questo lo ammette anche la stampa borghese; ora speriamo lo comprenda anche la magistratura. Nessuno riesce a capire il comportamento dei magistrati nei vostri confronti.[18]

Licia shared his views, though with two children she did not attend the meetings. As full-time mother, she gave up going out to work but took in secretarial work at home, particularly typing students' theses. Licia described their life together:

> In casa c'era l'allegria e c'erano le tensioni di questo mondo che entrava. Erano gli anarchici amici di Pino, erano gli studenti ai quali battevo le tesi, tutta la gente che passava. Avevamo in casa anche un bersaglio per le freccette, con il muro attorno tutto bucherellato. Immaginati l'atmosfera: cinque o sei bambini, perché le figlie preferivo averle sotto'occhio; io che battevo a macchina qualche lavoro; uno o due studenti che erano lì a correggere le loro tesi; in cucina qualcuno preparava il caffè; i vicini che venivano, avanti e indietro; Pino che discuteva con tutti. Vedi, io ricordo la mia casa di allora come una casa viva, con gli alti e i bassi, le liti, le riconciliazioni. Ma tutto ciò fa parte della vita, una vita normale.[19]

What precisely went on in the central police station in Milan between December 12 and 16, no one except those that were there will ever know; and the events have been so worked over, so many versions have been presented, that it is unlikely that any of the surviving participants of that period could now recall them with any accuracy. Fo's play is set in a small office in a police station, the scene of the interrogation: it ostensibly focuses on the secret goings-on during the night of 15/16 December, but in so doing refers to the political and legal ramifications of Pinelli's death between December 1969 and December 1970, and thus draws the attention of the audience to the political dimensions of the attempts to cover up one illegimate death.

Most of the information in the play is a dramatic reworking of the findings of investigative journalists. Dario Fo was by no means the only person to be convinced that Pinelli both was innocent of the crime and had not committed suicide. The initial story carried by the newspapers the following day lacked credibility to those who knew Pinelli. The story went that Pinelli had thrown himself from the window at 11.30 p.m. after Luigi Calabresi, the senior police officer carrying out the interrogation, had told him that it was pointless for him to deny his guilt, as his friend Valpreda had already confessed. At this Pinelli is supposed to have blenched and then to have shouted, 'Allora è la fine dell'anarchia!', and immediately to have rushed to the window, opened it wide and thrown himself out. Pinelli was known to have firm views against suicide. Subsequently, various details came to light: that there were no markings to the hands (it is normal for a person falling to try to break their fall); that the way the body was found on the ground did not cohere with the position of a person who has thrown himself from a window; that the body had a bruise at the base of the neck not caused by the fall. Doctors were surprised that there was no blood from the nose or ears. The police were unwilling to tell the doctors at the hospital the name of their patient.

Contradictions began to emerge: within one month, the police gave three different versions of the fall each beginning 'when Pinelli had opened the window': the last of these stated that one of the police officers, Vito Panessa, had tried to restrain Pinelli ('con un balzo cercò di afferrarlo e salvarlo')[20] and was left holding one of Pinelli's shoes; journalists who saw the body after the fall, Aldo Palumbo from L'Unità having first given the alarm, all remember that the body had both shoes. The timing of the fall and the ordering of the ambulance became further confused. The police timed Pinelli's fall at three minutes past midnight; the telephone call for the ambulance was logged in at the switchboard at midnight and 58 seconds (that was subsequently rounded up to one minute past midnight), so the ambulance was ordered 2 minutes and 2 seconds before Pinelli's dash for the window.[21]

There are many hypotheses concerning Pinelli's death, but in the main they fall into two categories: the first that the police panicked and tried to cover up an accidental death – police as bunglers; the second that he was deliberately killed – police as murderers. As an example of the first category, Pinelli could have collapsed after being taken ill (e.g. heart trouble) or been hit as part of the interrogation process, dragged to the open window for air and fallen out. The second category of hypotheses centres on the notion that Pinelli let the police know that he was on to something, that he was aware of the deliberate destabilisation process that the government was colluding with, of the relationship beween the far right and the State, and that at least one policeman present considered he knew too much and had to be silenced. So Pinelli was given the fatal chop to the back of the neck and was then disposed of out of the window. Those who support this hypothesis think it likely that not all the policemen in the room understood exactly what was going on.

The details and contradictions that emerged frustrated those (and there were many of them) who believed both Pinelli and Valpreda to be innocent. They were further frustrated by the *decreto di archiviazione* on the part of the investigating judge. The first investigation had been carried out by the public prosecutor, Giovanni Caizzi, who concluded that Pinelli's death was 'una morte accidentale', thus giving Fo part of the title of his play. The second investigation, which was carried out in response to the public prosecutor's request that the case be dismissed, was inconclusive but opted for suicide. This second document, according to Camilla Cederna, is long and obfuscating (it goes into great detail about the various kinds of suicide, all views carefully attributed to scholars), but concludes, in Cederna's paraphrase, that 'Pinelli si è ucciso perché si è ucciso'.[22]

Those on the left were more direct in their approach. *Lotta Continua*, edited by Pio Baldelli, used cartoons to accuse Calabresi of Pinelli's murder soon after the event, and on 20 April 1970 Luigi Calabresi responded to this accusation by taking out a law suit against Pio Baldelli 'per diffamazione continua ed aggravata dall'attribuzione di un fatto determinato'.[23] Baldelli expected this and indeed probably published the accusation against Calabresi to force public debate. As there had been no public trial or investigation at the time, the libel trial held in December 1970 was the first public airing of the case. Fo, who staged *Morte accidentale di un anarchico* in December 1970, was able to incorporate some of the information that came out at the trial immediately into his play.

The political base of Fo's theatre

Dario Fo's theatre is a political theatre. 'Politics', from the Greek word *polis* meaning 'city', is about how people arrange to live together. By extension, therefore, politics is about power, how it is exercised, by whom, and to what ends. Fo's theatre is directed towards an analysis of power, and in particular about the exercise of power in contemporary society. Even when apparently innocuous, Fo's theatre is aways probing and iconoclastic, shattering preconceived ideas and questioning current political practices.

Fo's political thinking might best be described briefly as unaffiliated communism. He was sympathetic to the ideas of Karl Marx's seminal work *Das Kapital*, on the relationship between power and property. Marx's evolutionary and materialist view of history was based on an analysis of ways in which human beings have organised themselves in relation to property during different periods of history. Capitalism, a later form of economic organisation, carried with it a notion of meritocracy ('to each according to his ability'): power rests with those who have control of financial capital and use it for the production and distribution of goods, thus leading to the private ownership of wealth and the endorsement of production for profit. Capitalism as an organising principle of Western society increased in the eighteenth and nineteenth century when mechanical inventions enabled the mass-production of goods. In Marx's view the evolutionary process would result in an interim period of socialism when an awareness of the unequal distribution of wealth (where those who do the work gain little of the profits) would result in the exploited bringing about a new form of social organisation based on cooperation and widely distributed wealth. The final stage of this process was communism. When operating at its best it would mean that the tenet 'to each according to his need' would replace 'to each according to his ability'. With the full implementation of communism, the State would fade (or 'wither away') as there would be no need for its controlling and regulating function.

Fo lays no claim to be a rigorous Marxist, nor do his political ideas, expressed in a variety of forms such as plays, their forewords and afterwords, lectures and interviews, have an unassailable coherence. First and foremost Fo is a practioner of theatre. Fo's politics are rooted in his theatre and his theatre practice is inextricably linked with his political ideas. Though his ideas are basically of communist persuasion, he has never joined the Italian Communist Party and has described himself as 'un borghese tendenzialmente progressista'.[24] His thinking, nevertheless, is influenced by those whose philosophies and ideologies stand behind the Communist Parties of Europe, Russia and China. His version of Marxism is inflected by Leninist ideas concerning the importance of grasping revolutionary opportunities when they reveal themselves, rather than waiting for what Marx saw as the inevitable economic crisis of bourgeois capitalism; by the thinking of the Chinese leader Mao Tse-tung, who initiated the Cultural Revolution in China by taking the consciousness of the workers as the starting point for change; and by the Italian thinker, Antonio Gramsci.

Gramsci stressed the importance of self-knowledge with particular reference to historical context and rethought the role of the intellectual or thinking person in bringing about a communist organisation of society.[25] He respected all people as thinking people, so in that sense everyone is an intellectual. But as he put it in one of his attractively homely images, not everyone who fries an egg or sews up a tear in a jacket is a cook or a tailor;[26] so there are some who perform as intellectuals in society and that is their role. Gramsci further differentiated in his *Prison Notebooks* between the 'traditional' and the 'organic' intellectuals. The 'traditional' intellectuals separate themseves from their class while the 'organic' intellectuals are more closely involved with theirs. In modern times, the first would be those who make a profession of communicating ideas but tend to become isolated individuals without a constituency, while the latter are natural leaders of working class groups. Linking the intellectual with the ordinary people, indeed linking the intellectuals that make up the party with the masses, was difficult, Gramsci recognised. The successful revolutionary intellectual was one who kept in touch with the masses. If he did not do this, he was open to the danger of being a general without forces, a vanguard without an army, metaphors that Gramsci used often. In Gramsci's view history was made not by 'intellectual élites' separated from the masses, but rather by intellectuals conscious of being linked organically to a national-popular mass.[27]

These political ideas, with which Fo became acquainted over the years (he has said that he did not read Marx until 1968), combined in his mind with a formative childhood experience of listening to the fishermen telling their tales on Lake Maggiore, where he was brought up. They provided an early consciousness of what later he realised was a workers' culture; it was created by them and for them and expressed in their own language. The language in which the fishermen related their tales had remained pretty much untouched for centuries – Fo referred to is as 'il dialetto più arcaico … una lingua primordiale, integra'.[28] It was this language that helped to form Fo's later ideas on theatrical language. He also learnt from the fishermen how to respond creatively to an audience. He has explained that he heard one story told ten times, and each time the story teller knew how to adapt the story to the circumstances – the current political situation, the weather, the mood:

> Se c'era festa, se c'erano le campane, se veniva a piovere, non perdevano mai nessun elemento, anche accidentale; non perdevano di vista nessun personaggio anche esterno che servisse da contrappunto alla storia stessa. E soprattutto non perdevano mai di vista l'importanza dei presenti, gli ascoltatori. Se c'era il tipo che rideva sguaiato o che reagiva male alle punzecchiature ironiche prendendo le furie, ecco, quello diventava il capro del tormentone; e lo stesso se c'era lo spettatore lento di riflessi che non capiva i giochi comici, oppure quello che a sua volta faceva del sarcasmo sul narratore, tutto serviva a muovere, rendere varia e presente la narrazione.[29]

The Lake Maggiore fishermen provided Fo with a living example of an organic people's culture, one in which he had participated and one that had become a living reality in his consciousness. This in turn formed the basis of his exploration of popular culture. In the sixties he worked with Il Nuovo Canzoniere, a group of singers who were rediscovering songs of the working people. He combined this work in oral history with reading and research into archives and gradually evolved his challenge to received views on the development of theatre in Italy and Europe.

Theatre is a living, dynamic art whose completed form is the performance, an ephemeral product that changes with each audience. No performance lasts beyond its duration (even if caught on video it is by then a different form). In this it differs from other art forms (e.g. painting, sculpture and the novel) whose final forms are in a durable material and can therefore be read or looked at again. It is probably largely for this reason that conventional histories of theatre give emphasis to what can be kept, the written evidence, in the shape of, for example, play texts, histories of theatre buildings, and directors' ideas. Theatre, it can be argued, needs a different process of verification in order to create its history, such as the anthropological research that is carried out by Eugenio Barba and the Odin Theatre[30] and indeed by Fo and others in theatre workshops. To the argument of the inappropriateness of the methodology of theatre history Fo adds a political argument. Fo sees two traditions of theatre: one is the product of the dominant class and tends to be based on the play text; in this tradition, modern theatre begins in the Renaissance when imitations of classical plays were presented in the courts and in patrician houses. This also coincides with the invention of printing (late fifteenth century) and hence the increasing diffusion of the printed text. The other tradition, the one emphasised by Fo, is popular theatre, beginning not in the courts of the Renaissance but in local communities of the Middle Ages, the age of the travelling players and entertainers. This popular culture is communal, forms an organic part of the people's lives and sustains them. It is also subversive, openly, in its criticism of those who hold power and, less tangibly, through its creation of community solidarity. The first theatrical tradition is dominant because its producers had, and continue to have, access to the means of its diffusion.

Those who part company with the political argument and express concern about this appropriation of the past to further a political idea (and indeed political action) do not deny the validity of much of Fo's work in this area. A large part of his theatrical activity has been in the area of rediscovering and validating medieval theatre. But Fo's research into popular medieval theatre is not merely academic as a scholar's might be, finding the text, explaining linguistic difficulties and situating it within its historical and social context. His research has resulted in innovatory theatrical performances; the most important example of these is the expanding series of monologues that come under the collective title of *Mistero buffo*.

Alongside Fo's rediscovery of forgotten theatre runs his reclamation of texts that have become part of the official canon of literature and drama but which, he says, were popular in origin. The early medieval poem 'Rosa fresca e aulentissima', for instance, has been 'stolen' from the people or 'colonised', that is, made into a text for study and stripped of its popular and dramatic life, Fo states. For this poem is a 'contrasto', a dialogue; in the theatre Fo gives it back its popular origins so that the workers in the audience recognise it as theirs.[31]

Working on the performance of popular theatre has led Fo to clarify his ideas further. Popular theatre is 'epic' theatre, he has often said ('tutto il teatro popolare è sempre epico'). With this statement Fo is referring to the theatrical ideas of the German playwright, Bertolt Brecht (1898–1956), who had used this term to express a particular mode of acting and presenting dramatic material. The Greek thinker Aristotle had given priority in his *Poetics* to tragedy over the epic. Tragedy was the higher form of drama because of its economy and concentration; epic on the other hand was concerned with a larger social context. So Brecht's choice of the word 'epic' to designate the theatre he was interested in carries with it political implications: it is a criticism of the implied élitism of tragedy, of the classical mode of delivering theatre and the way it was experienced by the audience. In tragedy, Brecht argued, audience response was based on emotions, on feelings. 'The essential point of the epic theatre is perhaps that it appeals less to the feelings than to the spectator's reason', he stated in 1929.[32] Brecht used a variety of ways in his epic theatre to communicate with the audience: song separated from the spoken narrative, film and machinery on stage, along with scene-by-scene summaries of the action provided by slide projection. These forms of communication were to act as distancing devices which would inhibit the immediate emotional responses of the audience. To accompany this form of presentation Brecht evolved a new acting style: the actor's aim was to encourage understanding of the situation rather than empathy with the character in the situation. The actor was to *show* the character rather than identify with her or him. Brechtian acting was therefore deliberately self-conscious, a kind of 'third-person' rather than 'first-person' acting, a style evolved to encourage the audience to think before it felt.

These are the ideas that Fo has adapted in his exploration of popular theatre. Rather than a theatre where a metaphorically invisible audience is listening in to what is happening on stage (epitomised for Fo by the theatrical ideas of the Russian theatre director Stanislavksy, 1863–1938), Fo emphasises the importance of the 'aside', when an actor comes momentarily out of role and makes a comment to the audience, reminding the spectators of the illusion of theatre. The *giullari* of medieval theatre, he argues, made full use of the 'aside'; their theatre was a self-conscious communication with the audience. And although the *giullare* was frequently a solo performer he brought with him to his performance a choral presence, he spoke for others:

> qui non si parla di individuo, di personaggio isolato al di sopra e al di fuori, ma si parla di coralità; cioè esiste una dimensione comunitaria nel portare avanti il teatro, ed i personaggi sono un pretesto per far "parlare" la gente.[33]

Paradoxically, the solo performer is better able than the group to underscore the choral quality of popular theatre; as Fo has said:

> se io cerco di creare invece la visione di una comunità, di un coro, di una comunione, evidentemente non mi preoccupo tanto di parlare di me stesso, ma dei problemi che sono collettivi. Se io cerco problemi collettivi, il mio discorso, il mio linguaggio … sarà diverso … e sarà obbligato a essere epico.[34]

Brecht's presence is evident in other aspects of Fo's activities. Much of Brecht's work was staged in established theatres and, after he returned from the USA, where he spent the later Nazi and the war years, he established his own theatre in Berlin, the Berliner Ensemble; but a part of his theatrical activity concerned taking theatre with its political message to the workers, and to the place of work, the factory. Likewise, Fo's work in popular medieval theatre, and the recuperation of the drama of the past as part of the process of bonding the intellectual to the people, is complemented by his response in the early seventies to situations in work places and to the arrest of comrades for subversive activities. These two modes of working, recuperation of the past and immediate response to the present were, as he has often said, the two sides of the same coin ('due facce della stessa medaglia').[35] *Morte accidentale di un anarchico* was the first and best known of a series of theatrical moments when Fo and his company travelled to towns and cities where the trial of a political dissident was to take place, and staged a counter trial using, as they did in *Morte accidentale*, material taken from the proceedings. The company also responded with theatrical performances to situations in the world of work, staging 'happenings' in factories when asked to by the workforce. As Fo later explained, 'volevamo immergerci nel movimento [the students' and workers' movement of the late sixties/early seventies], rispondere alle esigenze che stavano emergendo e diventare il megafono del movimento, per aprire un reale confronto'.[36]

New theatrical practices

'Agit prop' theatre in factories could entail putting on performances after only twenty-four hours of preparation, and required a different form of acting from that involved in regular theatrical performance. Fo's new approaches to theatre required different ways of both devising and mounting plays; it also called for alternative ways of working in the theatre, and other organisational structures. A number of his plays, in particular those of the early seventies, were composed collaboratively from information provided on the spot. Although some of these texts have survived as viable theatre elsewhere and have indeed been translated and presented in very different situations (such as the London West End), they were created as *teatro da bruciare*, or 'throw-away theatre', responses, that is, to an immediate situation. They were meant for a politically aware audience and were constructed to allow that audience to respond not only to the play but also to the situation the play addressed along with associated issues. Fo kept the three-act structure of the traditional well made play but offered the third act to the spectators as a forum for discussion. These discussions often ranged over a number of issues related to the political moment; the play the audience had just seen became in this way a trigger for political discussion. There are recorded discussions after *Morte accidentale di un anarchico* from Novi Ligure, Forlimpopoli, Conselice, Reggio Emilia, Villadossola, Galliate, Castelmassa, Adria, Novara, Genoa, Turin, Settimo Torinese, and Nichelino; and the subjects discussed ranged from the function of the Communist Party in contemporary Italian politics to the distribution of fruit in the peninsula.[37]

Collaborative ways of making theatre also required an organization of theatre practices different from the norm. Until the end of the Second World War Italian theatre was run for the most part following practices that go back a long way, some of them to the days of the *commedia dell'arte* players of the sixteenth and seventeenth centuries. Theatre companies had no base; they were composed of intinerant players who were born and bred in the theatre, making of the theatrical community almost a separate society. The companies were financially self-sufficient, receiving no funding from central or local government, and therefore had to organise their itineraries and repertoires with a view to receiving enough box office returns to sustain them. The companies were organised on a strictly hierarchical basis and actors and others were hired by contracts, usually lasting a year, which stipulated what they were expected to do. This was spelt out not in terms of parts in particular plays but as roles which conveyed status. Apart from the *capocomico*, whose initial capital investment and duties (he or she was the star actor, director and manager all in one) made her or him the most important person in the company, the highest 'rank' was that of the two leading actors, *il primo attore* and *la prima attrice*, who, as their name implies, could expect to play the lead roles in each play and could not be asked to contribute in any other way. At the other end of the scale were the 'bit-part player' (*promiscuo*), who could be asked to play any role, and the 'walk-on' (*comparsa*), who had no speaking role but was used as an extra. Backstage staff were hired in a similar way. The financial organisation of the companies meant that the actors were expected to provide their own costumes, frequently without the advice of an overall designer.

After the institution of the first republic in 1946 some thought was given to the role of theatre in the new Italy. In 1947 Paolo Grassi and Giorgio Strehler opened a permanent theatre, supported by public funds, and intended for local residents, a high-class repertory theatre or *teatro stabile*, the *Piccolo Teatro della Città di Milano*. This, inspired by the French Théâtre Populaire, was the first theatre of a new theatrical era in Italy – theatre as public service. Italy has no theatrical centre to compare with Paris, London and New York, so the route of state funded repertory theatres seemed an appropriate response to the needs of a fragmented country emerging from the enforced centralisation of Fascism. Thus during the fifties *teatri stabili* were established in major urban centres. 'Theatre as public service', however, had to compete with theatre for profit (or theatre for survival), that is, the private theatrical companies who were also competing for a share of public funding.

The social unrest of the sixties, combined with visits to Italy of the American *Living Theatre*, created a new demand for theatre in Italy. Despite efforts by the directors of *teatri stabili* to offer theatre that was relevant to its public, a large number of Italian people were dissatisfied with the current Italian theatrical scene. This discontent was articulated in responses to a survey conducted by the theatre magazine *Sipario* in 1965.[38] The general consensus was negative: there was no theatrical society, no theatrical language and little relevance in the plays that were offered. The innovatory practices of Julian and Melina Beck in *Living Theatre* responded to the need for something new. People flocked to their performances. These were often not tightly structured plays with coherent plots and parts all written out, but improvised performances with an encouragement to audience participation. The Becks offered theatre as process rather than theatre as product.

The combined effect of articulate demand from workers and students and the example of exciting participatory theatre brought in from the USA resulted in the setting up of new theatre groups, experimenting with different modes of theatre-making. Some of the *teatri stabili* responded by setting up *teatri di quartieri*, that is, by taking theatre out to the working-class periphery and on some occasions setting it up in a tent (*teatro-tenda*). Other experimental groups were established, for instance, such as Giancarlo Nanni's Roman based group and the Gruppo Ourobus in Florence.[39] There were no studio theatres in Italy, for Italy had not enjoyed a phase of new theatre building such as occurred in England during the fifites and sixties; so these groups played in adapted locations such as cellars and warehouses. They avoided the commercial circuit and developed an alternative circuit. The most favoured form of organisation was the *cooperativa autogestita*, which, supported by the minimum of public funding, allowed participants the freedom to organise themselves. This form of worker control, so different from the conventional hierarchically organised theatre structure, chimed well with the political climate.

Dario Fo's Nuova Scena was one of these cooperative groups. Different from some, Nuova Scena was allied with ARCI (Associazione Ricreazione Culturale Italiana), the cultural and recreational organisation of the Communist Party, and therefore had playing places ready to hand. The politics of Fo and his group, however, were to the left of the official line of the PCI, but not out of tune with an increasing number of people from the working class left who considered that the rigid structures of the party were not able to respond to the exigencies of the times. Satire of contemporary Italy, which began with *Grande pantomima con bandiera pupazzi piccoli e medi*, an aggressive critique of the survival of Fascist institutions into so-called democratic Italy, also targetted orthodox Communist thinking. The Communist Party newspaper, *L'Unità*, attacked Nuova Scena, and some unions withdrew support by not sending representatives to performances. Fo's company became the theatrical representative of the 'new left' and one of its most articulate supporters, and was therefore uncomfortably placed in the organisation of ARCI.

In the summer of 1970 Fo felt his position was untenable and left ARCI with a number of the Nuova Scena to form a new theatre group, Il Collettivo Teatrale La Comune. This radical decision brought independence but also deprived the group of its easy access to playing places. From then on the group had to find its own *piazze* and though individual places, including tents, became available, it was some time before the group acquired a base (which it did by appropriating Milan's old fruit and vegable market, Palazzina Liberty). Il Collettivo set itself up as a private club and was therefore exempt from police control and censorship. Theatre-goers became members of the collective. Within a year the collective succeeded in gaining a membership of 30,000, which was about five times as many members as the subscribers (*abbonati*) of the Piccolo Teatro di Milano.[40]

The notion of a theatre collective implies organisation based on cooperation rather than a rigid and hierarchical structure. There is not the customary division into actors and backstage staff; actors are no longer the privileged, served by a supporting staff. It means putting political ideas of equality into daily practice, transmuting ideas into physical reality. Furthermore, a theatre collective formed at least in part to promulgate political ideas, has the added problems of having to choose its members more for their political persuasion than for their acting talents. Then there are technical problems: improvised playing places usually means the minimum of equipment and this reduces the choices of how to present material. Responding to immediate political issues rather than rehearsing a fully scripted play means there is a drastic reduction in preparation time. The sheer amount of work required to mount a show with only a handful of people to do it can make for exhausted members of the collective. Political ideas can never be allowed to fossilise into attitudes: making theatre and political debate go hand in hand.

The collective went through a major crisis in the mid-seventies because it had failed to take on board one of the emerging concerns of the new politics. As wife and mother, Franca Rame had looked after the domestic side of the marriage; she had also assumed the domestic side of the collective, taking responsibility for the running of the company. In addition, she was an actress in the group, one on whom the group depended. The combination of roles proved too much and came to a head. The way the group handled the problem ensured its own survival and created an opportunity for Franca Rame to develop her own theatrical career distinct from that of her husband.

Fo took on board the problems inherent in the choices he had made. The finished product will be less professional, he admits, but politically speaking this is a step forward:

> Ma non importa se i risultati sono alle volte modesti, questa è un'esperienza nuova, un'esperienza che ha deteminato in noi sì uno scadimento sul piano della produzione, cioè quello che è il "prodotto finale" … Per carità, se penso che cura mettevo nell'allestimento di certi spettacoli come *La signora è da buttare*: cinquantacinque giorni di prove, con attori tutti professionisti, imparando i salti mortali tutti quanti, imparando a camminare sulle mani, imparando a fare capovolte e spaccate, a usare la voce in falsetto alla clown, una scuola che non finiva più, mi dico: "Eh, ma come sono sceso in basso, sul piano della resa tecnica e dell'arte." Ma sul piano politico, sul piano soprattutto di cambiare dimensione ideologica e culturale, io credo che questo sia stato un passo avanti. Poi faremo anche dell'arte.[41]

Analysis of *Morte accidentale di un anarchico*

Fo's major political plays function on two levels. They have an immediacy, a burning contemporary relevance; they contribute to the debate on the issue, helping to raise consciousness and persuade opinion; they have about them, therefore, some of the characteristics of *agit-pro*p theatre. They transcend this genre because they are a vehicle for the expression of political ideas that go beyond the immediate situation.

*Morte accidentale di un anarchic*o is an excellent example of Fo's political theatre. Its ostensible subject is the debate concerning Giuseppe Pinelli's death and it aimed to provide support for those who were also convinced of Valpreda's innocence. Fo mounted this production to coincide with the first anniversary of Pinelli's death. It disseminated information about the libel case brought by the police officer, Luigi Calabresi, against the editor of *Lotta continua*, and at the same time transcended the particular incident through the presentation of socialist ideas concerning property, inequality, authority and corruption, which challenged the notion of representational democracy.

Central to the success of the play is the character of the *matto*. This is the part Fo created for himself and is the lynchpin of the text. The *matto* is both innocent *giullare* and political activist. His origins can be seen in the early sketches of *Poer nano*, in the character of Lungo in *Gli arcangeli non giocano a flipper* and in the *giullare* of *Mistero buffo* of the previous year. He owes something to the trickster slave character of Roman comedy and to the ingenious servant of Renaissance comedy,[42] to Hamlet and to the mad characters that people Pirandello's theatrical world. He is the clown and the fool and thus carries with him echoes of the tradition of the truth-telling idiot. The ingenious invention of this character with his various associations allows the unspeakable to be spoken and heard. The closeness of the fictional reality of the theatrical text to the real-life script acted out in the Milanese court room is protected from attack, given its licence, by the introduction of the mad character. What the mad say either is not true (is 'mad') or is not to be believed because the speaker is mad. The *matto* is a deliberate choice of a destabilising device: he can speak with absolute impunity because as a mad person he can escape the circumscription of authority, as embodied in the law; as he is at pains to point to the frustrated police officer, he is a member of a protected species.

Part of the destabilisation comes from the fact that the character designated as mad has no other identity. True, he begins theatrical life as the 'indiziato', but as soon as his madness is established he can no longer be the accused and chooses to assume the role of prosecutor. Unlike some of the early farces, for instance, *I cadaveri si spediscono e le donne si spogliano*, where by the end of the play the audience knows that the 'woman' in eighteenth-century dress is a man who is not an office worker dressing up for his boss's stag party but a policeman disguised to investigate the provenance of corpses from a theatrical costumier's office, the audience of *Morte accidentale di un anarchico* is given no firm informa-

24

tion as to the real identity of the *matto*. At the beginning of the play, when he is presented as 'indiziato' a few details of past life emerge, but these are all fictions he has created: our character has made a profession of madness, impersonating a surgeon, a naval officer, a bishop, a psychiatrist (all positions of authority), but is given no background, no family, no personal characteristics. His form of mental aberration is his passion for character creation. As the play progresses and he creates additional masks, he moves further and further from his initial identity of *matto* to become a police officer, through disguising his voice on the telephone, then an investigating judge, a forensic officer and finally a bishop. The change of identity is furthered by the use of disguise. Here again the text carries echoes of Renaissance comedies and nineteenth- and twentieth-century farces where deception and disguise are stacked up, only to be dismantled at the end of play when 'normal reality' prevails. In *Morte accidentale di un anarchico* there is no such *dénouement*: the reality in Fo's play, the reality of the Milanese court room, of Italian justice, of the democratic state is as mad as the fictional world of the theatre.

Broadly speaking, the *matto* is a vehicle for meaning in three main ways. Quite simply, the audience can take off the protective wrappers of madness from what he says and accept his speeches at face value. Particularly in long speeches he makes firm and subversive statements concerning the organisation of Italian society which allege that representational democracy as practised in Italy is built on the foundations of Fascism, that the political and economic influence of the United States has had a deleterious effect on Italy, and that the Italian legal system is corrupt.[43] On a wider level he challenges the basis of contemporary social organisation in Europe with his statements concerning the role of journalism. At its investigative best, journalism can but reveal scandals which, because they can be exposed, convince people that no change is necessary in the organisation of society. Taken at face value, the *matto*'s speeches amount to an attack on the power structure of Western democracy which is seen as static and unsusceptible to change. Secondly, the *matto* conveys meaning through collusion and manipulation. By collaborating with the police officers in his offer to disguise himself as Captain Piccinni, the forensic officer from Rome, in helping them invent stories about what happened in the interrogation room, he provides insight into the inventions that were parading as truth at the time. The official truth is shown to be a script that can be written and rewritten according to the wit and invention of the writers. Fo's intelligent madman shows not only the incongruity of the offical version(s) but also the inherent stupidity of the inventors of the truth. The third way of conveying meaning is through the disguises assumed by the *matto*. All the different personae he assumes allow him to satirise the languages of power, whether of the Church or State. In addition, the extraordinary three-dimensional collage which is Captain Piccinni (a stage moustache, false hand and a glass eye) suggest a marionette or puppet rather than a man. In the process of literal deconstruction (the hand comes off when shaking hands, the eye falls out when a police officer slaps him on the back) it becomes clear that this assumed representative of authority is but a collection of false parts. All power is a construction which could be dismantled.[44]

In the first production of this play, Dario Fo played the part of the *matto*. This gives the play another layer of awareness because in a role which is deliberately self-conscious there is no way that audience can forget that creator and actor are one. (Frequently in Fo's plays Franca Rame played the leading female role, but in this instance the part was taken by another actress, Silvana de Santis. The Fo/Rame duo in a play such as this would have detracted from its political impact.) The presence of Fo within the character of the *matto* is another method of endorsing the ideas he expresses, while at the same time the character of the *matto* protects him, Dario Fo, from the responsibilty of claiming the views as his own. As he himself said in one of the 'third act debates' after a performance:

> Ho bisogno del suo tormentone, della sua presenza. Perché devo far figurare, devo far chiarire – e questa è tecnica di teatro – che le cose che dice sono tremendamente drammatiche, ma il modo, lo sviluppo, il personaggio è completamente astratto, folle, incongruente e, soprattutto improbabile.[45]

Endorsement of the ideas expressed in the play is also achieved by the framing device, or 'trasposizione', used in the first presentation of the play. This first version began with a prologue explaining that the company want to tell the tale of 'un fatto veramente accaduto in America nel 1921'. An Italian emigrant called Salsedo 'fell' from a fourteenth storey window of the central police station of New York. After an enquiry it was ascertained that Salsedo had been hurled from the window by the interrogating policemen. Fo then availed himself of 'uno di quegli stratagemmi ai quali spesso si ricorre nel teatro': that is, he had the incident transferred to Italy, and to make it more credible and immediate, to present-day Milan. The prologue of the first version ends:

> Avvertiamo ancora che, qualora apparissero analogie con fatti e personaggi della cronaca nostrana, questo fenomeno è da imputarsi a quella imponderabile magia costante nel teatro, che in infinite occasioni, ha fatto sì che perfino storie pazzesche completamente inventate, si siano trovate ad essere a loro volta impunemente imitate dalla realtà![46]

Reminders of 'la trasposizione' during the performance serve to underscore the political import of the play and Fo's challenge to the authorities.

The presence of Fo in the main role and the use of 'la trasposizione' act as a wink to the audience, a collusion, as if to say 'giochiamo insieme al travestimento, tanto da una parte e dall'altra sappiamo di che cosa vogliamo parlare'.[47] It is a cheeky way of using denial to point up the message of the play. Fo uses the techniques of self-conscious theatre to sharpen the audience's political awareness. In this play this is achieved in two main ways. His adaptation of Brecht's notion of 'epic theatre' (see above) means that Fo is creating a situation-based rather than character-based theatre. What is offered here is not an in-depth study of persons, of characters whose past actions catch up with them as in a Greek tragedy or an Ibsen drama, and which involve the sympathetic emotions of the audience. Fo has, in fact, deliberately avoided presenting Pinelli himself with all the emotive material available in this area. With impressive economy, he restricts the material to the legal proceedings, and places it all in simulations of small interrogation rooms. And the form of theatre he adopts in this play (and in a number of his plays of this period) is the most situation-based of all theatrical genres: farce.

The purpose of farce is to evoke laughter. But this simple description belies the complexity of the genre. After all, there is not one simple definition of laughter; it takes various forms – squeals of delight, uncontrollable giggles, the laughter of hearty relief, joyous participation, or of mocking, derisive criticism, the laughter of irony and satire. There is laughter with and laughter at, openly, to people's faces, and secretly, behind their backs.

Farce offers possibility but not probability. It shares with melodrama a tenuous link to reality.[48] Coincidences occur in life, and impress because of the strange coming together of events: the art form of farce is close enough to reality to make the situations credible – just – but far enough away to absolve from responsibility those who participate in them. Farce, then, is part of the holiday spirit: people who are hit in slapstick comedy, one form of farce, are not mortally wounded but bounce back for more, like those toys constructed with a balance you cannot knock over. Historically, farces have been part of the entertainment of the period of misrule, what was called *saturnalia* in Roman times, Christmas revels and Twelfth Night in the Christian calendar.[49] During this holiday, carnival or world-turned-upside-down period, the desire human beings have to have an effect, and to hurt, is condoned for a short time before reality re-establishes itself. In this dreamtime period the person hit is only momentarily hurt, allowing for the act to be repeated, one of the characteristics of farce. Farce is linked, therefore, with release from the consequences of the reality of feeling. Associated as it is with the world of carnival, farce can also be seen in terms of rebellion: rebellion against the norms of daily living and against the taboos that restrain and constrain. Rebellion can also be against particular constraints, as an expression of hostility to, for example, particular figures in authority of whom unreal caricatures or effigies are made.

The subject matter of farce is concerned with forbidden areas, release, coincidence; it offers comic challenges to what governs everyday life. The success of the art form, however, is dependent on the control exercised by the writer or executant. In order to be funny the situations have to be carefully constructed, and any actor will confirm that a successful piece of stage business, say a custard pie scene, needs repeated rehearsals to achieve that sense of natural effortlessness that is the hallmark of good farce. So the ultimate appeal of the genre is perhaps as a form of controlled catharsis. Anarchic, destructive, or merely exuberant human qualities that could be dangerous to the good order of society can be safely experienced, released and purged in watching a performance of farce.

Because farce is associated with light entertainment and with cruelty, some political writers have not considered farce a suitable means of expression. Bernard Shaw, for instance, considered farcical comedy to be 'the deliberate indulgence of that horrible, derisive joy in humiliation and suffering which is the beastliest element in human nature'.[50] Fo, on the other hand, privileges farce because it is a popular form. Although much of Greek and Roman comedy contain scenes that would now be called farcical, the word was first used to refer to a separate genre in medieval France when it referred to short vernacular plays with uproarious plots and characters who were earthy and drawn from the ordinary people. For a long time farce was considered a sub-literary genre and for this reason alone was considered inferior. Such a categorisation is predicated on assumptions challenged by Fo in his search for a truly popular theatre. Farce is an invention of the people, he has often said: 'Il teatro popolare da sempre ha usato del grottesco, della farsa – la farsa è un'invenzione del popolo – per sviluppare tutti i discorsi più drammatici.' [51]

Furthermore, because farce is based on situation rather than on characters, it is a form eminently suitable for conveying thought. The very limitation of the form, the deliberate lack of emotional involvement, allows for greater concentration on the interplay of ideas. More recent users of farce have emphasised this characteristic. Joe Orton, for instance, couched his trenchant critiques of British society in the sixties and seventies of this century in this form and in particular, by moving suddenly from farce to realism, underscores the cruel absurdity of some forms of authority. In *Loot*, for example, Truscott, the disguised police officer, brings his fist down on the back of the young man he is interrogating and he, Hal, cries out in pain as he collapses to the floor. In the middle of an apparently farcical scene in which the audience has relaxed into laughter this moment of gratuitous violence is arresting. Hal is hit, not because he has witheld information, but because he has told the truth which is too preposterous for the officer to believe. Unlike the characters of farce, however, he is really hurt and does not bounce back for more.[52]

Fo reduces this thin demarcation line between farce and reality to a hair's breadth in *Morte accidentale di un anarchico*. In the first production, the characters were easily recognisable as the police officers involved in the Pinelli affair and acting as witnesses in the libel case taking place contemporaneously in the law court in Milan. The second Commissario's 'giacca sportiva e maglione girocollo' was a clear reference to Calabresi's distinctive mode of dress, and the character's tic alludes to a similar characteristic which Calabresi had developed by the time of the trial and which was noted by those present.[53]

At first look, farce and tragedy are opposites; on closer scrutiny the relationship between the two can be as close as that between farce and realism. A comic strip or film sequence can show a sequence of, let us say, a bus running down a queue of people as farcical: the long line of people going down like ninepins, the speeded up version of their simultaneous fall, can create an impression of repetitive pattern and unreality that causes laughter. The same sequence, in slower motion, concentrating both on the death of an individual and the horror of mass slaughter engenders feelings of tragic loss. The situations referred to in *Morte accidentale di un anarchico*, the unexplained death of a person detained for questioning and the prolonged detention of another whom many thought innocent, the extraordinary explanations for Pinelli's death, are material for tragic elaboration, it might be thought.

A concept associated with tragedy is catharsis. Catharsis, from the Greek word meaning 'to cleanse', was used by the Greek thinker, Aristotle, to describe the effects of tragedy. Aristotle wrote that when the representation of an action that is serious, complete and of appropriate magnitude is effectively performed, it will succeed in arousing pity and fear – sometimes translated as 'terror' – in such a way as to effect relief or purgation of such emotions.[54] The spectators of a tragedy, Aristotle seems to be suggesting, gain a new emotional perspective, a rebalancing of their emotions, and as audiences are collectivities, it is likely that Aristotle had in mind the social as well as personal benefits of catharsis.

Fo challenges received wisdom concerning catharsis in relation to both tragedy and farce. He understands catharsis to be the release of an excess of emotion which has a liberating effect on the audience, a kind of 'feel-good factor'; in his view, temporary sympathy or empathy can have the effect of absolving the person experiencing it from further thought or action. This is precisely what he wanted to avoid in presenting *Morte accidentale di un anarchico*: 'l'eccesso di commozione del pubblico, la catarsi, la liberazione attraverso la disperazione, rabbia, disprezzo, sdegno – queste sono precisamente le cose che vogliamo evitare.'[55] Tears are out of place, it is the meaning of the anarchist's death that is important – 'il significato della sua morte' – Fo said in his first introduction to the play.

> Sulla morte del compagno non si piange. Così facendo si rischierebbe di sopportare ogni cosa. Poiché è un compagno caduto a nostro fianco, dobbiamo fortemente sentire il significato della sua morte. E non ci si commuove perché con un atto di commozione riusciamo a "digerire" lo spettacolo e a sentirci irremediabilmente con la coscienza a posto.[56]

Here Fo is also making a playful reference to the medical meaning of catharsis, as purging. The farce created in this play aims to arouse laughter, but not the laughter that brings happy release. It was a laughter that in the moment of self-consciousness, as the audience realised the closeness of the stage fiction to political fact, 'froze on the faces of the audience, like a kind of *Grand Guignol* scream which had nothing liberating about it'.[57] In presenting *Morte accidentale di un anarchico* in 1970 Fo and his company wanted to evoke an anger that remained inside people. The rejection of catharsis, described by Fo as 'uno dei pericoli maggiori', was one of the play's major aims.

> Noi non vogliamo liberare nella indignazione – lo diciamo alla fine – la gente che viene. Noi vogliamo che la rabbia stia dentro, resti dentro e non si liberi, che diventi operante, che faccia diventare razionante il momento in cui ci troviamo, e portarlo nella lotta.[58]

Four years later Fo claimed that the real achievement of the play was less to do with the way it mocked the hypocrisies and lies of the organs of the State and its functionaries than with its success in exposing social democracy's crocodile tears, 'l'indignazione che si placa attraverso il ruttino dello scandalo, lo scandalo come catarsi liberatoria del sistema'.[59] In Fo's view, catharsis is not about the social benefits of a better balanced psyche, it is the vulgar burp of a scandal exposed that gives momentary relief and allows the system to carry on as before. Catharsis is inadequate because it does not prepare the ground for real political change. It plays into the hands of the authorities.

Postscript

In 1970 *Morte accidentale di un anarchico* played an incisive part in the 'counter-information culture', a major voice for those who believed that the official version of events was being constructed at the expense of truth, and constructed purposefully by those in whose interest it was to oppose change. That belief has been vindicated. There is enough evidence to show that in Italy since the late sixties every attempt at reform has been accompanied by violence. A series of bomb attacks (the most horrific at Bologna railway station which killed eighty-two people and injured two hundred) and the murder of two anti-mafia judges, Giovanni Falcone and Paolo Borsellino in the summer of 1992, are ample testimony to this violence. It is now believed that the 'Gladio army', organised by the Italian secret services as a part of a NATO operation, was involved in the early bomb attacks and that leading members of the Christian Democrat party connived with organised crime. There are allegations that the secret services were involved in the deaths of Falcone and Borsellino.[60] More specifically, responsibility for the Piazza Fontana bombs was later attributed not to the anarchists but to an ultra right wing group in the Veneto led by Franco Freda and Giovanni Ventura; the latter had a close association with a colonel in the Italian Secret Service who in turn was a member of the neo-Fascist party. The concept that best explained these events was 'strategy of tension', which involved creating an atmosphere of violence and chaos with the express intention of making people turn to the old order to maintain stability. The colonels had engineered this in Greece and investigative journalists were soon able to provide evidence of preparations for something similar in Italy.[61]

There is still little clarity about what happened to Pinelli during the night of 15/16 December 1969, however. The police officers who questioned him were absolved of any responsibility for his death; Allegra, the chief officer of the Milanese *questura*, however, was found guilty of wrongful arrest and abuse of power but was later pardoned. Pinelli himself was cleared posthumously of association with the bombing when the case was put on file in 1975.[62] Three years earlier, Police Officer Luigi Calabresi had been killed by members of Lotta Continua one spring day when he was leaving home for work. Those claiming responsibility have since described the occasion.[63] Valpreda was tried for involvement in the Piazza Fontana massacre but was not cleared of any association with the crime until 1985. Both Signora Pinelli and Signora Calabresi have expressed their views on the events and the repercussions on their lives.[64] More recently the publisher Sellerio has made available a video of a film by Pasolini and members of Lotta Continua made between 1970 and 1972, with the title *12 dicembre* (the date of the Piazza Fontana bomb), which includes an interview with the taxi driver who is meant to have taken Valpreda and the bomb to the square.[65]

Some two-and-a-half decades after the heady events of 1969-70, when

31

Italy is assailed by a different kind of crisis – the corruption scandals from 1992, with the ensuing disintegration of the old party system, the disorientation of the left wing after the fall of the Berlin Wall and the end of the Cold War in 1989, and the separatist movements in the form of the *leghe* – *Morte accidentale di un anarchico* remains a powerful example of political theatre. Produced in the heat of the moment, its message caught the popular consciousness of the times. Translated and adapted as it has been for various political climates in different countries, it can still also stand as an historical testimony to the anger and struggles of the Italian left at a crucial moment of Italian history.

Notes

1   P. Ginsborg, *A History of Contemporary Italy, Society and Politics 1943–1988*, London, 1990, p. 98.
2   P. Togliatti, 'Per la libertà d'Italia', *Opere*, vol. V, p. 73, cited in Ginsborg, *A History of Contemporary Italy*, p. 43.
3   Ginsborg, *A History of Contemporary Italy*, p. 50.
4   Ginsborg, *A History of Contemporary Italy*, p. 182.
5   Cited in Ginsborg, *A History of Contemporary Italy*, p. 79.
6   R. Gannon, *The Spellman Story*, Garden City, 1962, p. 347, cited in Ginsborg, *A History of Contemporary Italy*, p. 116.
7   Ginsborg, *A History of Contemporary Italy*, p. 207.
8   L. Meneghetti, *Aspetti di geografia della popolazione. Italia, 1951–67*, Milan, 1971, p. 174 cited in Ginsborg, *A History of Contemporary Italy*, p. 220; see also M. Clark, *Modern Italy*, London and New York, 1996, pp. 360–2.
9   R. Lumley, *States of Emergency, Culture of Revolt in Italy from 1968-1978*, London, 1990, p. 58.
10 M. Tronti, 'Lenin in England', in *Red Notes, Working Class Autonomy and the Crisis – Italian Marxist Texts of the Theory and Practice of a Class Movement: 1964–79*, London, 1979, cited in Lumley, *States of Emergency*, p. 37.
11 Ginsborg, *A History of Contemporary Italy*, p. 283.
12 S. Hellman, 'Italian Communism in the First Republic', in S. Gundle and S. Parker (eds.), *The New Italian Republic*, London and New York, 1996, p. 76.
13 Lumley, *States of Emergency*, p. 68.
14 Lumley, *States of Emergency*, pp. 227–8; Ginsborg, *A History of Contemporary Italy*, pp. 314–15.
15 This is the title of the ninth chapter of Ginsborg, *A History of Contemporary Italy*.
16 Lumley, *States of Emergency*, p. 118, note 22; Ginsborg, *A History of Contemporary Italy*, pp. 312–13.
17 Lumley, *States of Emergency*, p. 233.
18 C. Cederna, *Una finestra sulla strage*, Milan, 1971, p. 17. 'Anarchism isn't violence, we reject violence, but we also don't want to experience it ourselves. Anarchism is reasoning and responsibility – even the bourgeois press admits that; now let's hope that the magistrature understands that as well. Nobody can figure why the magistrature is behaving as it is towards you.'
19 P. Scaramucci, *Licia Pinelli: una storia quasi soltanto mia*, Milan, 1982, pp. 49–

50: 'Our home was full of the joy and tensions of the world which came into it. There were Pino's anarchist friends, the students whose theses I typed, all the people who were passing through. We had a darts board in the house with the wall around it full of holes. Just imagine what it was like: five or six children, because I preferred to have my daughters around me, with me typing something up, one or two students correcting their theses, some-one making coffee in the kitchen, neighbours coming and going, Pino discussing with everybody. You see, I remember my home as it was then as a place that was alive, with its ups and downs, quarrels and reconciliations. But all that was part of life, of normal life.'

20 Cederna, *Una finestra sulla strage*, p. 28: 'with a bound he tried to seize him and save him'.

21 Cederna, *Una finestra sulla strage*, pp. 25–31; G. Savelli (ed.), *La strage di stato: controinchiesta*, Rome, 1977 [1970], pp. 86–92.

22 Cederna, *Una finestra sulla strage*, p. 48: 'Pinelli killed himself because he killed himself.'

23 Cederna, *Una finestra sulla strage*, p. 37: 'for continuous slandering aggravated by attributing to him a specific deed'.

24 D. Fo, *Fabulazzo*, Milan, 1992, p. 131; 'a bourgeois with progressive tendencies'.

25 J. Joll, *Gramsci*, Glasgow, 1977, pp. 90–2.

26 Joll, *Gramsci*, p. 91.

27 Joll, *Gramsci*, p. 94.

28 D. Fo con L. Allegri, *Dialogo provocatorio sul comico, il tragico, la follia e la ragione*, Rome–Bari, 1990, p. 22: 'the most archaic of dialects … a primordial and untouched language'.

29 Fo con Allegri, *Dialogo provocatorio*, p. 22–3: 'Whether it was a holiday, bells were ringing or it was about to rain, they never missed a detail, even if only "accidental"; they never overlooked a character, even a secondary one, who could be used as a counterpoint to their story. And above all they never lost sight of their audience. If there was someone who laughed too loudly or who reacted badly to shafts of irony and got angry, that person would become the butt of a repeated gag. And the same if there was someone in the audience who was slow on the uptake and didn't understand the jokes; or someone who heckled the storyteller – everything was used to make the story more varied and actual, more real.'

30 E. Barba, *A Dictionary of Theatre Anthropology*, London, 1993.

31 Fo, *Fabulazzo*, p. 34

32 Cited in M. Banham (ed.), *The Cambridge Guide to Theatre*, Cambridge, 1992, pp. 323–4. See also, H. E. Holthusen, 'Brecht's Dramatic Theory' in P. Demetz (ed.), Brecht, *A Collection of Critical Essays*, Englewood Cliffs, N.J., 1962, pp. 106–16; and J. Willett (ed.), *Brecht on Theatre*, London, 1964.

33 C. Meldolesi, *Su un comico in rivolta: Dario Fo il bufalo il bambino*, Rome, 1978, p. 154: 'Here we are not speaking of an individual, an isolated character above and beyond, but we are speaking of communality; that is, there is a communal dimension in making theatre, and the characters are a pretext for giving the people a voice.'

34 Fo, *Fabulazzo*, p. 19; see Appendix 3 to this edition, p. 152: 'If on the other hand I am trying to create a vision of a community, of a chorus, of a communion, clearly I will not be so much concerned to speak about myself as about problems which are collective. If I am looking for collective problems, my discourse, my language … will be different … and it will be forced to be epic.'

35   Fo, *Fabulazzo*, p. 366.
36   Fo, Fabulazzo, p. 366: 'We wanted to immerse ourselves in the movement, to respond to the needs which were emerging and become the movement's megaphone, so as to open up a real confrontation.'
37   Collettivo Teatrale La Comune, *Compagni senza censura*, 2, Milan, 1973, pp. 189–223.
38   M. Rusconi, 'Gli scrittori e il teatro', *Sipario*, 20/229, May 1965, pp. 2–14.
39   S. Cowan, 'Theatre, Politics, and Social Change in Italy since the Second World War', *Theatre Quarterly*, 7/27, 1977, pp. 25–38. See also F. Quadri, *L'avanguardia teatrale in Italia*, Turin, 1977.
40   Cowan, 'Theatre, Politics, and Social Change in Italy', p. 36.
41   Fo, *Fabulazzo*, p. 84: 'But it does not matter if the results are sometimes modest. This is a new experience, an experience which has admittedly brought about a decline in terms of production, that is in terms of "the final product" … Good heavens, if I think of the care I put into staging certain shows such as *The Lady is Not for Throwing Away* – fifty-five days of rehearsals, all the actors professionals, all of them learning to do somersaults, backward somersaults, to walk on their hands, to do the splits, to use their voices in falsetto like a clown, a training that never ended, I say to myself "How you've deteriorated in terms of technique and art." But in terms of politics, in terms above all of changing ideological and cultural perspectives, I believe that this has been a step forward. Later we will make art as well.'
42   J. Wing, 'The Performance of Power and the Power of Performance: Rewriting the Police State in Dario Fo's *Accidental Death of an Anarchist*', *Modern Drama*, 22, March 1990, p. 141.
43   See the speech on judges beginning 'No, purtroppo non ne ho ancora avuto l'occasione' on p. 51, and the speeches on scandal beginning 'Giusto! l'ha detto! Lo scandalo è il concime della socialdemocrazia', beginning on p. 117.
44   Wing, 'The Performance of Power', p. 147.
45   *Compagni senza censura*, 2, p.190: 'I need the gag, I need his presence. Because I have to make it appear, I have to make it clear – and this is the technique of theatre – that the things he says are tremendously dramatic, but that the method, the development, the character is completely abstract, mad, incongruous and, above all, improbable.'
46   *Compagni senza censura*, 2, p. 141: 'We also inform you that although there may appear to be analogies with facts and characters of our own times, this phenomenon is to be ascribed to that unfathomable magic of theatre, which on a multitude of occasions has worked in such a way that the zaniest of stories, which were total inventions, have in their turn been found to have been imitated by reality with complete impunity'.
47   M. Cappa and R. Nepoti, *Dario Fo*, Rome, 1982, p. 92.
48   E. Bentley, *The Life of the Drama*, London, 1965, p. 219.
49   J. Milner Davis, *Farce*, London, 1978, pp. 8–9.
50   Cited in Milner Davis, *Farce*, p. 22.
51   *Compagni senza censura*, 2, p. 189: 'Popular theatre has always used the grotesque and farce – farce is an invention of the people – so as to develop all its most dramatic discourses.'
52   J. Orton, *The Complete Plays*, London, 1988, pp. 234–6.
53   Cederna, *Una finestra sulla strage*, p. 63.

54 Aristotle, *Poetics*, VI, 2, translated by S. Halliwell, Cambridge, Mass. and London, 1995, p. 478.

55 Fo, *Fabulazzo*, p. 75: 'excess of emotion on the part of the public, catharsis, release through despair, anger, contempt, scorn – these are precisely the things we want to avoid'.

56 *Compagni senza censura*, 2, p. 139: 'We do not weep for the death of our comrade. If we did we would run the risk of tolerating everything. Since he is a comrade who has fallen at our side, we must feel deeply the meaning of his death. So we are not moved to tears because through such an emotional experience we would succeed in "digesting" the show and in feeling our consciences to be irreparably in order.'

57 Fo, *Accidental Death of an Anarchist*, adapted by Gavin Richards from a translation by Gillian Hanna, London, 1987, p. xvi.

58 *Compagni senza censura*, 2, p. 189: 'We do no want to give the people who come [to the theatre] – and we say this at the end – the release of indignation. We want their anger to stay inside them, to remain inside them and not be released, we want it to be effective so that it can render conscious this moment we find ourselves in, so that this moment can then be carried forward into the struggle.'

59 'Due note sulla rappresentazione', in D. Fo, *Le commedie di Dario Fo*, VII, Turin, 1974, p. 82; see also Appendix 2 to this edition, p. 144: 'indignation which is eased through the burp of scandal, scandal as the liberating cleansing of the system'.

60 See E.Vulliamy, 'In a Sick and Septic State', *The Guardian*, 27.07.1993 (included as Appendix 4 to this volume, pp. 154–7).

61 Ginsborg, *A History of Contemporary Italy*, pp. 333–4.

62 A. Sofri (ed.), *Il malore attivo dell'anarchico Pinelli*, Palermo, 1996, pp. 9–15.

63 In 1988 Leonardo Marino confessed to the police that he was an accomplice to the murder of Calabresi. This resulted in a trial held in 1989–90, at which Adriano Sofri, leader of Lotta Continua, Ovidio Bompressi and Giorgio Pietrostefani, central figures in the movement, were all sentenced to 22 years imprisonment; Marino's sentence was 11 years, in accordance with the 'Cossiga law' which halved the punishment for those who confessed to acts of terrorism. The trial and the sentences aroused considerable controversy. In January 1997 the final court of appeal upheld the sentences on Sofri, Bompressi and Pietrostefani. The appeal court decision was also controversial, and unlikely to be the end of the story. See L. Marino, 'E Sofri mi disse ...', *Panorama*, 18.10.1992, pp. 86–9 and *La verità di piombo*, Milan, 1992. See also the report in *Corriere della Sera*, 1.10.1996, p. 21, 'Lotta continua: lettere da un processo', and the correspndence between Eni De Luca and Ovidio Bompressi in *MicroMega*, October 1996.

64 P. Scaramucci, *Licia Pinelli: una storia quasi soltanto la mia*, Milan, 1982; G. Capra, *Mio marito il commissario Calabresi; il diario segreto della moglie, dopo 17 anni di silenzio*, Milan [1990].

65 Lotta Continua – P. Pasolini, *12 dicembre* (video), Palermo, 1996.

Biographical note

Dario Fo, born in 1926, one year after Mussolini's assumption of power, comes from the village of San Giano, Varese, near Lake Maggiore, in one of the northernmost parts of Italy. His father was a railway worker, his mother a country woman who wrote ('una contadina che scrive' as he describes her). Like many Italians, he is a man of two cultures, *città* and *paese*. From Milan, the nearest city, he received a tertiary education in architecture at the Brera, the famous art and architecture school, where he developed his visual talent. From the *paese* he took the tradition of dialect oral story-telling from the fishermen *fabulatori* on Lake Maggiore who so fascinated and entertained him during his childhood.

As all people of his generation, Fo spent his youth under Fascism and was in fact called up by the army but managed to escape conscription. His father and uncle were men of the Resistance whose task it was to help escaped prisoners make their way out of Italy and on occasion Fo played his part in helping the prisoners get through. Fo has always denied accusations that he was ever a Fascist;[1] as Umberto Eco (of the same generation) has pointed out, it is an easy accusation to make as all children participated in one way or another in activities organised by the Fascist government.[2]

Fo was first attracted to theatre through the visual and set out to be a set designer. But by 1952 he was engaged in performance when he joined Franco Parenti – a well known actor who had played the part of Arlecchino in Goldoni's *Il servitore di due padroni* at the Piccolo Teatro in Milan – in radio sketches which then transferred to the theatre. Fo's talent for subversion was already in evidence: in the series *Poer nano* he created a sympathetic simpleton who bungled the telling of well known stories from established culture, thus allowing an alternative version to be heard. In recounting the tale of the Old Testament story of Cain and Abel, for instance, the audience is encouraged to sympathise with Cain, who was guilty of murdering his brother, because Abel was portrayed as an unbearable goodie-goodie. A year later Fo created the review *Il dito nell'occhio* which was presented at the Piccolo Teatro in Milan and in 1954 *Sani da legare* benefited from the guidance of Jacques Lecoq, the famous French exponent of 'black mime'. By now the direction of Fo's theatre was clear. Popular, drawing on the theatrical traditions of farce, mime and story-telling, it sought to question official versions of history and culture, especially those imposed by Fascism and, as he put it, preserved by Christian Democracy.

1954 was an important year for another reason. One of the actors in the review company was Franca Rame, the daughter of a *capocomico* of a company of travelling players. Fo tells the story of how he was so much in awe of her, coming as she did from a family with a long theatrical tradition (Franca's first appearance on stage was at the age of eight days), that it was a long time before he finally dared to kiss her backstage. They were married in 1954, and this marks the beginning of a long and fruitful collaboration. In the late fifties this took the form of farces with a political edge written by Fo, in which he played the leading male role and Franca the leading female role. These had titles with a proverbial ring, for instance, *Non tutti i ladri vengono per nuocere* and *I cadaveri si spediscono e le donne si spogliano*, the first of which neatly overturns conventional mores by implying that robbery is less immoral than adultery (an idea nicely caught by Joe Farrell's English translation of the title into *The Virtuous Burglar*),[3] and the second of which offers a critique of the divorce laws.

I cadaveri si spediscono e le donne si spogliano was the first of Fo's plays to be staged on television. Fo and Rame's major breakthrough into television, however, had come when they were invited to appear on *Canzonissima*, a popular show combining singers and sketches. Again Fo provided subversive material of black humour perhaps best illustrated by the sketch which featured a worker and his aunt. The latter worked on the production line of a minced meat factory. When she had the misfortune to fall into the mincing machine, the management found itself unable to turn off the machine because this would interrupt production, so the worker expressed his concern for his auntie by taking her home as a tin of minced meat.

In 1959 Fo and Rame formed their first theatrical company and until 1968 they worked the commercial theatre circuit. Fo found expression for his satirical radicalism by subverting the establishment from within. This period, the early and mid-sixties, also saw Fo as theatre researcher. His interests took him to look into the medieval entertainers, the *giullari*, and into the Renaissance *commedia dell'arte*, as well as to rethink the role of dramatists who were conscious of popular traditions such as Angelo Beolco (Ruzante), Shakespeare, Molière and Goldoni.

The political climate of 1968 suggested to him that his position as actor-manager on the commercial circuit was untenable. His satirical texts of the mid-sixties, for instance, *Isabella, tre caravelle e un cacciaballe*, in which the national hero Christopher Columbus, from Genoa is shown as an upwardly mobile intellectual who does not make it in the political game, and *La signora è da buttare*, which is an open attack on the United

States and capitalism, had had a rough time with censorship. Fo was threatened with arrest for introducing improvised lines critical of the American president. The sense of constraint he experienced was so discouraging that Fo came to the conclusion that he could no longer work in commercial theatre. He created a new company on a cooperative basis, Nuova Scena, and sought to create a new audience, in factories, workers' clubs and in the Communist Party centres, the *case del popolo*. As he put it, it was important for him as an intellectual 'to come out of his gilded ghetto and place himself at the disposal of the movement'.[4]

These venues provided a captive audience and the period Fo worked under the auspices of the Communist Party was a productive one. *Mistero buffo*, first performed in 1969, belongs to this period. *Mistero buffo* is an elaboration of the early sketches of *Poer nano*: a one-man show comprising a series of reworked traditional stories from the Bible, from legend and ecclesiastical history. It was immensely popular and has remained so ever since. However, Fo's politics, as those of many agitators of the period, were well to the left of those of the Communist Party, with which relationships became increasingly difficult. In 1970 Fo made the second break of his theatrical career and severed his links with the Party. A new theatrical company was formed, La Comune. Breaking away from the Party, a step not lightly taken, resulted in the loss of the captive audiences and playing places. By creating a club theatre, the new company quickly raised a subscription list – 6,000 immediately and 18,000 within a month, such was Fo and Rame's popularity. But the question of playing places was not so easily solved. From 1970 until 1974 Fo and his company played a variety of ill-equipped *venues*, such as disused cinemas and warehouses, including the *capannone*, an abandoned workshop in Via Colletta, Milan, where *Morte accidentale di un anarchico* was first staged in December 1970. Fo's plays of this period, dramas pieced together from documentary evidence relating to a number of political issues, prioritised politics over art, but in so doing Fo developed a new form of theatre-making – immediate, direct and involving audience participation. This is most clearly seen in the play about the Chile, *Guerra e popolo in Cile*, which condemned the take-over by Pinochet, and staged a coup d'état in the theatre so credible that one member of the audience, it is said, ate his diary in the ensuing panic. It is in this period of his career that the influence of Brecht is most keenly felt. This was also the period of *Soccorso rosso*: an organisation created by Fo and Rame to support Italian political prisoners, the existence of which set the authorities even more firmly against them.

In 1974 the company appropriated the disused fruit and vegetable market in Milan, the Palazzina Liberty, which could accommodate about

600 people, and which they used as a base until 1981. During this period they also played in large tents (*teatro tenda*) and on occasion in football stadia. The years 1970-81 were the most productive and most distinctive period of Fo's career to date. This phase includes some eighteen texts, among them the most well known of his plays, including, in addition to those already mentioned, *Pum, pum! Chi è? La polizia!* (1972), *Non si paga, non si paga!* (1974), *Il Fanfani rapito* (1975) and *Clacson, trombette e pernacchie* (1981). These texts gave Fo the opportunity to express his clear political views on issues of the times, whether about police oppression, the dictatorship in Cile, or the kidnapping of Aldo Moro, the Christian Democrat prime minister. He always played the major role within them, but as they involved a number of characters, as opposed to one-man shows, it is these plays that have helped to establish Fo's work abroad since they can be adapted and recreated with other actors. The *teatro da bruciare* (translated as 'throw-away theatre'), as the texts of this period have been called, has ironically done most to establish Fo's reputation abroad.

Fo is very much a man of the theatre. By dint of work and experience combined with innate talent, he has developed a consummate sense of timing and knows how to captivate his audiences. This sense of timing also applies to the development of his theatrical career. During the period of comparative economic well-being of the eighties (some referred to this as the second 'economic miracle') and the falling away of collective socialist action the tenor of Fo's theatre changed again. In 1984 he staged *Coppia aperta – quasi spalancata*, a savage comedy of sexual manners, *Il fabulazzo osceno*, a farcical monologue by Arlecchino, and a play based on a satirical look at Queen Elizabeth I, *Quasi per caso una donna, Elisabetta*, according to some his least successful piece. The crises of the nineties brought another change of direction, and one into which Fo's talent fits more easily. The 500th anniversary of Christopher Columbus' voyage in 1492 gave Fo the opportunity for a second iconoclastic visit to this theme.

Dario Fo and Franca Rame have shared a life in the theatre for over forty years. They are now household names in Italy and are called upon to give their views, either separately or together, on a number of issues. They have a column in the Friday supplement of *La Repubblica*. Not surprisingly their partnership has undergone its share of vicissitudes. In the early years Fo wrote the scripts and Rame took the leading actress's role but after they abandoned the commercial circuit and set up their own company, it fell to Franca not only to run the theatre and the home but also to be a professional actress taking the lead role in Fo's plays. In the mid seventies she drew attention to this discrepancy in the division of labour by refusing to act. That crisis caused Dario and the company to rethink their position and was the catalyst for Franca's assumption of a more individual voice within the company, acting in her own monologues and later touring with her own programme. Although an integral part of the Fo-Rame company, Franca Rame is also an individual actress in her own right and since 1977 has had her own one-woman shows and claimed her space in the theatre scene and the feminist movement both in Italy and abroad.

In recent years Fo has returned to stage design and undertaken the direction of opera. He directed Stravinsky's *The Story of a Soldier* in 1978, Rossini's *The Barber of Seville* in 1987, and Rossini's *The Italian Woman in Algiers* in 1994. He has also directed and acted in an adaptation of Angelo Beolco's sixteenth century sketches of peasant life for television, and played the part of the lawyer Azzeccagarbugli in the RAI's serialisation of Manzoni's *I promessi sposi*.

Notes

1 V. Valentini, *La storia di Fo*, Milan, 1977, pp. 22–5
2 U. Eco, 'Ur-Fascism', *The New York Review*, 22.06.1995, pp. 12–15.
3 'The Virtuous Burglar', in D. Fo, translated by J. Farrell in *Plays: One*, London, 1994.
4 Cited in D. L. Hirst, *Dario Fo and Franca Rame*, Basingstoke and London, 1989, p. 19.

A note on Italian law and the legal system

The Italian and English legal systems and procedures are representative of the two major European legal systems, English law and Roman law. These systems differ in two major ways: the first difference relates to how law is established in each country; the second to its administration.

English and Italian legal systems

English law is based on 'common law' and 'statute law'. Common law is a source that is common to the whole country and over time has gradually replaced local customs and the pronouncements of local courts. In common law the emphasis is on the development of law through individual cases under a system of precedent. 'Statute law' refers to those acts of the governing body which are introduced from time to time, that is, Acts of Parliament.

Italian law is based on 'codes' and 'statute law'. The first codification came in the form of the 12 Tablets of 450 BC and assumed its final form in the Justinian code of the early sixth century AD. Roman Law was adopted and modified in Italy and other European countries during the Middle Ages. Napoleon's code, the *Code Napoléon*, established in 1807, is a development of Roman Law and was later adopted by a number of countries.

Italy's two contemporary written codes are the *codice civile* and the *codice penale*. They are both explained and amplified in the *codice di procedura civile* and the *codice di procedura penale*.

The *codice civile* currently in force is the one that came into being in April 1942 which has undergone two major amendments under the First Republic, namely 'family law' in 1975 and laws pertaining to adoption in 1983 and 1995. Italy's first civic code came into force in 1865, known as the codice Pisanelli (because the work of lawyer and politician Giuseppe Pisanelli, 1812–79) and it owes much of its inspiration to the Napoleonic code of 1807. Its main function was to regulate uniformly relations between citizens. Under the separate states into which Italy had been divided before Unification in 1860 these relations had differed according the laws of the different states. The Italian civic code of 1865 differed from the Napoleonic code in one main area, namely family law, to which it gave greater attention. The 1942 code is considerably larger than the code of 1865; the latter had been divided into three books, the 1942 into six. These concern individuals, family, inheritance, property, work and rights. The interest in revising the *codice civile* in the forties reflects the interest of the Fascist state in regulating the activities of private citizens.

The *codice penale* is more directly of Fascist origin. It was approved in 1930 and came into force the following year. It is sometimes referred to as the *codice Rocco*, as Alfredo Rocco (1875–1935) was its main creator. Its survival into the period of the Republic is due, at least in part, to the fact that the Fascist code contained within it aspects of the Italian liberal legal tradition.

Behind the development of criminal legislation in Italy and Europe stands the seminal work of Cesare Beccaria (1738–94) whose crucial text *Dei delitti e delle pene* influenced subsequent European law. Its basic principles were incorporated into the Declaration of Rights of Man and Citizens of 1789 which in turn influenced the 1807 Napoleonic code and the later Italian codes. The main principles established in *Dei delitti e delle pene* are: the importance of clarity, as it is the right of citizens to know what the law is; that punishment should be in proportion to the wrong committed and to further the aim of preventing the criminal from committing the crime again; that punishments should be inflicted swiftly and surely and that criminal law and punishment should not be seen as the prerogative of an arbitrary force or an absolute moral system, but as a means of protecting citizens from the criminal and of preventing the criminal from committing further crimes.

Legal administration in Italy

The Italian collectivity of judges is called the *magistratura*. The *magistratura* is an *ordine autonomo*, which implies that constitutionally judges are answerable only to the law, not to parliament nor to government. The administration of justice is divided into two kinds, civil law and penal law. The first concerns issues between people, for example, family inheritance and disputes between neighbours; the second concerns criminal activity. The legal proceedings referred to in *Morte accidentale di un anarchico*, for instance, the libel case against Pio Baldelli, editor of *Lotta Continua,* and the investigations into what occurred during the interrogation of Giuseppe Pinelli, all refer to penal law.

There are two main ways of administering penal justice, accusatorial and inquisitorial, which can be seen as diametrically opposed. Under the accusatorial procedure, a clear distinction is made between accuser, accused and judge; the accuser and the accused are considered equals, the accused is considered innocent until proved otherwise and the judge is an arbiter. The proceedings, in the form of a debate, are held in public. Under an inquisitorial procedure, prosecutor and judge are the same person and at least some of the proceedings are held in secret. Emphasis is placed on the investigation which can be carried out unbeknownst to the suspect, rather than on public debate. English legal administration is accusatorial; at the time Dario Fo was presenting *Morte accidentale di un anarchico* the Italian legal administration was largely inquisitorial. In a penal case the state was represented by the *Pubblico Ministero* (Public Prosecutor's office), often referred to as P.M. The Public Prosecutor's role was either to initiate proceedings against a suspect or to receive information about a possible suspect and act upon it. A judge (*giudice istruttore*) was appointed to undertake work on the case. The process began with a series of investigations (*istruttoria*) during which the *giudice istruttore* would have access to the *polizia giudiziaria*. The police had defined and limited powers and unless they caught a person in the act of committing a crime they could not usually arrest a suspect. They could, however, detain a suspect up to forty-eight hours, if this facilitated the investigations. Only the judge could give permission for an arrest. In cases where the P.M. was of the view that there was insufficient evidence to proceed, he or she would put in a request to the judge that the case be put on file (*richiesta di archiviazione*). In situations where the investigating judge found that there was a case to answer, he or she would send the papers on and the next stage would be set in motion: that is, the discussion before the appropriate court (*dibattimento*). If the judge found there was no case to answer, he or she dismissed the charge (*proscioglimento in istruttoria*).

From the autumn of 1989 Italy has adopted a form of accusatorial procedure. This has involved a number of changes to the process of justice, the most important of which is the removal of the dual function of the judge as both investigator and arbiter. The role of *giudice istruttore* has been eliminated and investigations are now undertaken by the P.M. and the *polizia giudiziaria*, leaving the judge with the role of arbiter.

There is no trial by jury in Italy. The trial or *dibattimento* is usually public (and now to the extent that some trials are televised) and consists of questioning the accused, listening to witnesses and the case for the prosecution, followed by the final speech in defence of the accused (*arringa*). The magistrate (in minor penal cases) or tribunal (in more serious penal cases) then retires to decide on the sentence.

Morte accidentale di un anarchico

Personaggi

Matto
Questore
1° Commissario
2° Commissario
1° Agente
2° Agente
La giornalista

Primo Tempo

Una normale stanza della questura centrale. Una scrivania, un armadio, qualche sedia, una macchina da scrivere, un telefono, una finestra, due porte.

COMMISSARIO (*sfogliando degli incartamenti, rivolto ad un indiziato che se ne sta seduto tranquillo*)[1] Ah, ma non è la prima volta che ti travesti, allora. Qui dice che ti sei spacciato due volte per chirurgo, una volta per capitano dei bersaglieri... tre volte vescovo... una volta ingegnere navale... in tutto sei stato arrestato, vediamo un po'... due e tre cinque... uno, tre... due... undici volte in tutto... e questa è la dodicesima...

INDIZIATO Si, dodici arresti... ma le faccio notare, signor commissario, che non sono mai stato condannato... ho la fedina pulita, io!

COMMISSARIO Beh... non so con che razza di gabole[2] tu ce l'abbia fatta a scantonare... ma ti assicuro che stavolta la fedina te la sporco io: puoi giurarci!

INDIZIATO Beh, la capisco, commissario: una fedina immacolata da sporcare fa un po' gola a tutti...

COMMISSARIO Sí, fai lo spiritoso... Qui la denuncia dice che ti sei fatto passare per psichiatra, professore già docente[3] all'università di Padova... Lo sai che per millantato credito[4] c'è la galera?

INDIZIATO Sí, per il millantato credito messo in piedi da uno sano. Ma io sono matto: matto patentato... guardi qua il libretto clinico: sono stato ricoverato già sedici volte... e sempre per la stessa ragione: ho la mania dei personaggi, si chiama «istrionomania»[5] viene da istriones che vuol dire attore. Ho l'hobby di recitare delle parti insomma, sempre diverse. Soltanto che io sono per il teatro verità, quindi ho bisogno che la mia compagnia di teatranti sia composta da gente vera... che non sappia di recitare. D'altra parte io non ho mezzi, non potrei pagarli... ho chiesto sovvenzioni al ministero dello spettacolo ma, siccome non ho appoggi politici…

COMMISSARIO   Appunto, cosí ti fai sovvenzionare dai tuoi attori… gli tiri il collo…

INDIZIATO   No, non ho mai tirato bidoni a nessuno io…

COMMISSARIO   Ancora un po': s'è fatto pagare addirittura ventimila lire per una visita…

AGENTE (*che sta alle spalle dell'indiziato*)   Ammazza che carabinata![6]

INDIZIATO   È la normale tariffa di uno psichiatra che si rispetti… per uno che ha studiato per sedici anni la stessa materia!

COMMISSARIO   Appunto ma tu, quando mai hai studiato?

INDIZIATO   Io, per vent'anni ho studiato, in sedici manicomi diversi… su migliaia di matti come me… giorno per giorno… e anche di notte: perché io, a differenza dei normali psichiatri, dormivo con loro… magari di piedi con altri due,[7] perché mancano sempre i letti.

Ad ogni modo, s'informi, e vedrà se non gli ho fatto una diagnosi piú che perfetta a quel povero schizofrenico per il quale mi hanno denunciato.

COMMISSARIO   Anche le ventimila lire erano perfette!

INDIZIATO   Ma commissario… sono stato costretto, per il suo bene!

COMMISSARIO   Ah, per il suo bene? fa parte della terapia?

INDIZIATO   Sicuro… se non gli carabinavo le ventimila, lei crede che quel poveraccio e soprattutto i suoi familiari sarebbero stati soddisfatti? Se gli avessi chiesto cinquemila avrebbero immancabilmente pensato: «Dev'essere uno che vale poco: forse non è un vero professore, sarà uno appena laureato, un principiante». Invece cosí, dopo la sparata gli è mancato il fiato e hanno pensato: ma chi è questo? Il padreterno?… sono andati via felici come una pasqua…[8] mi hanno baciato perfino la mano… «grazie professore»… e piangevano di commozione.

COMMISSARIO   Per la miseria, come le sai raccontare bene…

INDIZIATO   Ma non sono frottole, commissario!… perfino Freud dice: la parcella salata è il piú efficace dei toccasana,[9] tanto per il medico che per l'ammalato!

COMMISSARIO   E ci credo, ad ogni modo dài un occhiata alla carta di presentazione e al tuo ricettario... se non sbaglio c'è scritto: Professore *Antonio Rabbi*. Psichiatra. Già docente all'università di Padova... avanti: come me la conti adesso!?[10]

INDIZIATO Prima di tutto, io, professore lo sono davvero... professore di disegno... ornato, mano-libera alle serali del Sacro Redentore...

COMMISSARIO E va bene... complimenti! Ma qui dice: Psichiatra!

INDIZIATO Bravo, ma dopo il punto! La conosce lei la sintassi e la punteggiatura? Osservi bene: Professore Antonio Rabbi. Punto. Poi c'è maiuscolo P. psichiatra! Ora, guardi, che non è mica millantare un titolo dire: «io sono psichiatra». È come dire «io sono psicologo, botanico, erbivoro, artritico». La conosce lei la grammatica e la lingua italiana? Sí? Beh, allora dovrebbe saperlo che se uno scrive archeologo è come se scrivesse bergamasco... mica vuol dire che ha fatto gli studi!

COMMISSARIO Sí, ma quel «già libero docente all'università»?

INDIZIATO Ecco, mi spiace, ma stavolta è lei che millanta: m'ha detto che conosce la lingua italiana e la sintassi e la punteggiatura, e poi salta fuori che non sa neanche leggere corretto...

COMMISSARIO Cosa non so...

INDIZIATO Ma non ha visto la virgola dopo il già?

COMMISSARIO Eh, sí... c'è una virgola. Ha ragione, non ci avevo fatto caso.

INDIZIATO Ah, ho ragione!... «non ci aveva fatto caso». E lei, col fatto che non ci fa caso, ti sbatte in galera un innocente?

COMMISSARIO Ma è proprio matto... (*Senza rendersi conto ha cominciato a dargli del lei*)[11] Cosa c'entra la virgola!

INDIZIATO Niente, per uno che non sa la lingua italiana e la sintassi!... Che poi mi deve dire che titolo di studio ha, e chi l'ha promossa, lei... Mi lasci finire!... La virgola è la chiave di tutto, si ricordi! Se dopo il «già» c'è la virgola, tutto il senso della frase cambia di colpo.

Dopo la virgola, dovete prendere fiato... breve pausa intenzionale... Poiché: «sempre la virgola impone diversa intenzionalità».

Quindi si leggerà: «Già» (e qui ci sta bene anche una smorfietta di sarcasmo… E se poi ci vuol fare un mugogno ironico sfottente, meglio ancora!) Allora… ecco la lettura corretta della frase: Già… (*Fa una smorfia e un risolino di testa*) Libero docente all'università, altra virgola, di Padova… come a dire: dài, non sparar frottole… ma a chi la racconti, chi ti crede… solo i fessi ci cascano!

COMMISSARIO   Cosí io sarei un fesso?

INDIZIATO   No, lei è solo un po' sgrammaticato… Se vuole posso darle qualche lezione. Le faccio un prezzo buono… Direi di cominciare subito… c'è molto lavoro da fare: mi dica i pronomi di tempo e luogo.

COMMISSARIO   La smetta di sfottere! Comincio a credere che lei sia davvero uno con la mania di recitare, ma sta recitando perfino di esser matto… invece è piú sano di me, scommetto!

INDIZIATO   Non saprei. Certo il vostro è un mestiere che porta a molte alterazioni psichiche… Faccia un po' vedere l'occhio? (*Gli abbassa la palpebra con il pollice*).

COMMISSARIO   Ma insomma! Vogliamo andare avanti con 'sto verbale?

INDIZIATO   Se vuole scrivo io a macchina, sono dattilografo patentato: quarantacinque battute al minuto…

COMMISSARIO   Stia fermo o le faccio mettere le manette!

INDIZIATO   Non può! O la camicia di forza o niente. Sono un matto, e se lei mi mette le manette: articolo 122 del codice penale[12] «chi impone in veste di pubblico ufficiale strumenti di contenzione non clinici o comunque non psichiatrici ad un menomato psichico cosí da procurargli crisi del suo male, incorre in reato punibile da cinque a quindici anni e perde anche la pensione e il grado».

COMMISSARIO   Ah, vedo che te ne intendi anche di legge!

INDIZIATO   Sulla legge? Tutto so! È venti anni che studio legge!

COMMISSARIO   Ma cos'hai, trecento anni? Dove l'hai studiata legge?

INDIZIATO   In manicomio! Sapesse come si studia bene là dentro! C'era un cancelliere paranoico che mi dava lezioni. Che genio! So tutto: diritto romano, moderno, ecclesiastico… il codice giustiniano… fridericiano… longobardo…[13] greco-ortodosso…

Tutto! Provi ad interrogarmi!

COMMISSARIO Non ho tempo… Figurati! Qui, però, non c'è nel tuo
curriculum che tu abbia fatto il giudice… e nemmeno l'avvocato?!

INDIZIATO Ah no, l'avvocato non lo farei mai. A me non piace
difendere, è un'arte passiva; a me piace giudicare… condannare… reprimere… perseguitare! Io sono uno dei vostri… caro
commissario! Diamoci pure del tu![14]

COMMISSARIO Attento matto… vacci piano a sfottere…

INDIZIATO Come non detto…

COMMISSARIO Allora, ti sei già fatto passare qualche volta per
giudice, o no?

INDIZIATO No, purtroppo non ne ho ancora avuto l'occasione. Ah,
come mi piacerebbe: il giudice[15] è il meglio di tutti i mestieri!
Prima di tutto non si va quasi mai in pensione… Anzi, nello
stesso momento in cui un uomo comune, un lavoratore
qualsiasi, a cinquantacinque sessant'anni è già da sbatter via
perché comincia ad essere un po' tardo, un po' lento di riflessi,
per il giudice, invece, comincia il bello della carriera. Per un
operaio alla catena o alla trancia dopo i cinquant'anni è finita:
combina ritardi, incidenti, è da scartare! Il minatore a
cinquantacinque anni ha la silicosi… via, scartato, licenziato,
svelto, prima che scatti la pensione… cosí anche per
l'impiegato in banca, a una certa età comincia a sbagliare i
conti, non si ricorda piú i nomi delle ditte, dei clienti, il tasso di
sconto, la casella della Biam[16] e quella della SA.SIS.[17]

Via, a casa… sloggiare… sei vecchio… rincoglionito! Invece
per i giudici no, per i giudici è tutto l'opposto: piú sono vecchi e
rinco…[18] svaniti, piú li eleggono a cariche superiori, gli
affidano cariche importanti… assolute! Vedi dei vecchietti di
cartone tutti impaludati: cordoni, mantelline di ermellino,
cappelloni a tubo con le righe d'oro che sembrano tante
comparse del fornaretto di Venezia,[19] traballanti, con delle facce
da tappi della val Gardena…[20] con due paia d'occhiali legati con
le catenelle, che se no li perdono… non si ricordano mai dove li
hanno appoggiati. Ebbene, 'sti personaggi hanno il potere di
distruggere o salvare uno come e quando vogliono: dànno certe
condanne all'ergastolo cosí come uno dice: «Beh, forse domani

piove…» Cinquant'anni a te… a te trenta… a te solo venti, perché mi sei simpatico! Dettano, legiferano, sentenziano, decretano… e sono pure sacri!… perché, non dimentichiamocelo, da noi c'è ancora il reato di vilipendio, se uno dice male della magistratura… da noi e nell'Arabia Saudita!

Ah, sí, sí… il giudice è il mestiere, il personaggio che chissà cosa non pagherei per riuscire a recitare almeno una volta nella vita. Il giudice di cassazione[21] dell'ordine superiore: «eccellenza… s'accomodi, silenzio, in piedi entra la corte… oh, guardi, ha perso un osso… è suo? No, è impossibile, io non ne ho piú!»

COMMISSARIO   Allora, vogliamo piantarla con 'ste ciance? Mi hai stordito. Su, seduto lí, e stai zitto! (*Lo spinge verso la sedia*).

INDIZIATO (*reagendo isterico*)   Ehi, giú le mani o ti mordo!

COMMISSARIO   A chi mordi?

INDIZIATO   A te! Ti mordo sul collo e anche sul gluteo! Gniam… E se reagisci pesante c'è l'articolo 122 bis:[22] provocazione e violenza ai danni di menomato irresponsabile e indifeso. Da sei a nove anni con perdita della pensione!

COMMISSARIO   Seduto o perdo la pazienza! (*All'agente*) E tu cosa fai lí impalato? Sbattilo sulla sedia!

AGENTE   Sí; ma dottore: lui morde!

INDIZIATO   Certo: mordo! Grrr grrr… e vi avverto che ho la rabbia. Me la sono beccata da un cane… un bastardone rabbioso che mi ha morsicato mezza chiappa. Però lui è morto e io sono guarito. Sono guarito ma sono ancora velenoso: Maggrruuiim! Uhuouuoh!

COMMISSARIO   Ma porco giuda, ci voleva pure il matto velenoso! Insomma mi fai stendere 'sto verbale, sí o no? Dài, fai il bravo! Poi ti lascio andare… Te lo prometto!…

INDIZIATO   No, non mi cacci via, signor commissario. Sto cosí bene con lei… nella polizia… mi sento difeso: fuori nella strada ci sono tanti pericoli… la gente è cattiva, vanno in macchina, suonano i clacson, frenano col cigolio… Fanno gli scioperi! Ci sono gli autobus e le vetture del metrò con le portiere che si chiudono di scatto… frii gnach… schiacciato… Mi tenga qui con lei… l'aiuto a far parlare gli indiziati… e i sovversivi… io sono capace di fare le supposte di glicerina con la nitro…

52

COMMISSARIO   Basta, insomma... m'hai scocciato!

INDIZIATO   Commissario, mi tenga qui con lei o mi butto dalla finestra... a che piano siamo? Al terzo...? Beh, quasi regolamentare, mi butto! Mi butto, e quando sono sotto, ormai morente, sfracellato sul selciato, che rantolo... perché io sono duro a morire... e rantolo moltissimo... arrivano i giornalisti e gli racconto, sempre col rantolo, che siete stati voi a buttarmi giú! Mi butto!

COMMISSARIO   Per favore: piantala! (*Alla guardia*) Spranga la finestra.

La guardia esegue.

INDIZIATO   E io mi butto dalla tromba delle scale. (*Va verso la porta*).

COMMISSARIO   Per dio! Adesso basta davvero! Seduto. (*Lo scaraventa sulla sedia*) Tu chiudi la porta a chiave... togli la chiave...

INDIZIATO   E buttala dalla finestra...

La guardia stordita va verso la finestra.

COMMISSARIO   Sí, buttala, NO, mettila nel cassetto... chiudi il cassetto a chiave... togli la chiave...

L'agente esegue meccanicamente.

INDIZIATO   Mettila in bocca e ingoiala!

COMMISSARIO   No, no, e poi no... a me non m'ha mai preso nessuno per il sedere... (*All'agente*) Dammi 'sta chiave. (*Apre la porta*) Fuori, vattene... e buttati pure dalle scale... fai come ti pare... fuori... vado fuori io da matto.

INDIZIATO   No commissario... lei non può! non faccia l'abusivo...[23] non spinga cosí... la prego... perché mi vuol far scendere?... Non è la mia fermata![24]

COMMISSARIO   Fuori! (*C'è riuscito, accosta la porta*) Oh, finalmente!

AGENTE   Signor commissario devo ricordarle che c'è la riunione dal dottor Bellati… e siamo già in ritardo di cinque minuti.

COMMISSARIO   Perché, che ore sono? (*Guarda l'orologio*) Ma per la miseria… quel disgraziato m'ha fatto perdere la trebisonda… Andiamo, sbrigati…

Escono da sinistra e, sulla destra, si riaffaccia alla stessa porta dalla quale era uscito, il matto.

MATTO   Si può… commissario… disturbo? Non si arrabbi, sono solo venuto a riprendere i miei documenti… Non mi risponde? su, non mi terrà mica il broncio… facciamo la pace… Ah, ma non c'è nessuno qua! Beh, me li prendo da solo… Il mio libretto clinico… il mio ricettario… Ehi, qui c'è anche la denuncia… Beh, la stracciamo, va… e non parliamone piú! E questa denuncia per chi è? (*Legge*) «Furto aggravato…» Capirai, in una farmacia… niente, niente… sei libero. (*Straccia anche quello*) E tu… che hai fatto? (*Legge*) «Appropriazione indebita… ingiurie…» Storie, storie… vai ragazzo sei libero! (*Straccia*) Liberi tutti! (*Si sofferma a considerare un foglio in particolare*) No, tu no… tu sei una carogna… tu ci resti… tu vai dentro… (*Lo stende per bene sul tavolo quindi apre l'armadio pieno di scartoffie*) Tutti fermissimi… è arrivata la giustizia! Oeu, mica saranno tutte denunce? E io brucio tutto… al gran falò! (*Prende l'accendino e si accinge a bruciare un pacco di fogli, legge sul frontespizio*) «Istruttoria in corso». (*Poi su di un altro pacco*) «… decreto di archiviazione di istruttoria…»[25] (*In quel mentre squilla il telefono. Tranquillo il matto risponde*) Pronto, qui l'ufficio del commissario Bertozzo. Chi parla? No, mi spiace, ma se lei non mi dice chi parla io non glielo passo…! Che è… il commissario… proprio lei in persona? ma no… ma va? Che piacere… il commissario definestra![26] No, niente, niente… e da dove telefona?… e già, che stupido, dal quarto piano… e da dove se no?! Come chi sono? Hai sentito Bertozzo, il terrore dei sovversivi, qui, chiede chi sono… Indovina? Non hai tempo? Andiamo, per un collega si deve sempre aver tempo… Avanti: o indovini o il Bertozzo io non te lo passo! Chi sono? Anghiari? (*Quasi fra sé*) Sono l'Anghiari? E sí, hai indovinato… sono

54

proprio io, commissario, Pietro Anghiari. Bravo. Beh, che ci faccio qui a Milano... vuoi sapere troppo. Piuttosto dimmi, che cos'hai bisogno dal Bertozzo? No, lui non può venire al telefono, di' a me. Un giudice superiore? Lo mandano apposta da Washington?[27] Sí, voglio dire, da Roma. Ogni tanto mi dimentico che c'è la trasposizione... Ah, sarebbe una specie di «revisore». Certo, evidentemente al ministero non sono d'accordo sulle motivazioni date dal giudice che ha archiviato l'inchiesta![28] Ma ne sei sicuro? Ah, sono solo: «si dice» ... mi pareva bene... prima gli va a meraviglia e poi ci ripensano... Ah, sarebbe per via dell'opinione pubblica che preme... Ma fammi piacere... L'opinione pubblica... ma chi preme... Appunto, il Bertozzo è qui che sghignazza. (*Ride spostando la cornetta*) Ah, ah! e fa gesti scurrili... ah, ah! (*Finge di chiamare*) Bertozzo, il nostro amico del quarto piano dice che tu ti puoi permettere di sghignazzarci sopra perché non ci sei di mezzo... ma per lui e il suo capo son rogne... ah, ah... ha detto di grattartele con cura! ah ah... no stavolta sono io che rido! No, perché mi farebbe davvero piacere che il capo questore[29] ci andasse di mezzo... Eh sí, è la verità, puoi anche dirglielo... «il commissario Anghiari ci avrebbe piacere...» e anche il Bertozzo è d'accordo con me, senti come ride. (*Allontana la cornetta*) Ah, ah! Sentito? E chi se ne frega se ci sbattono al cesso... Sí, gli puoi riferire anche questo: Anghiari e Bertozzo se ne strafregano... (*Emette un terribile pernacchio*) Prettt... sí, è stato lui che ha fatto il pernacchio. Ma non ti scaldare, d'accordo che sei tanto amico del questore di Ustica e Ventotene... ma non c'è mica bisogno di prendersela a 'sto modo...! Ecco, bravo, ne riparleremo a quattr'occhi. Allora, cos'hai bisogno dal Bertozzo, che documenti? Sí, detta che prendo nota: la copia del decreto di archiviazione della morte dell'anarchico... va bene, poi te la fa avere... e anche le copie dei verbali... sí, sí è tutto qui nell'archivio... E beh, ci credo dobbiate prepararvi bene tu e l'ex guardiano dell'isola. Se il giudice che arriva è appena appena una carogna come dicono... come, dove lo dicono? A Roma. Io vengo di lí, no? E il fatto che vi stanno preparando 'sto servizio è in giro da quel dí! Certo che conosco il giudice!

Malipiero, si chiama. Mai sentito nominare? Beh, lo sentirai. È uno che s'è fatto una cosa come dieci anni di confino…[30] domanda un po' al tuo capo dei bagnini penali se magari… No, a pensarci bene forse è meglio non chiederglielo: gli potrebbe venire un colpo e allora non ci si diverte piú… Ah, ah! Oeu, ma come sei permaloso, dirimpettaio del quarto piano mio…[31] uno manco si può divertire un po', in 'sta polizia musona!
D'accordo, ti faremo avere subito tutto quanto. Ti saluto… aspetta, aspetta! Ah, ah, c'è il Bertozzo che ha detto una cosa molto spiritosa… se non t'arrabbi te la dico… non t'arrabbi? E va bene, allora te la dico: ha detto che… ah, ah… che dopo 'sta visita del giudice revisore ti spediranno nel sud, magari a Vibo-Valentia Calabrese[32]… dove c'è il palazzo della questura che è a un piano solo e l'ufficio per il commissario è nel seminterrato… Ah ah… hai capito l'antifona: nel seminterrato… Ah ah! Ah ah, t'è piaciuta? Non t'è piaciuta? Beh, sarà per un'altra volta. (*Finge di ascoltare alla cornetta*) Va bene… glielo riferisco subito. Bertozzo, il fra non molto calabrese commissario qui presente, ha detto che appena ci incontra a tutti e due ci dà un cazzotto sul muso! Ricevuto, passo, prrree! (*pernacchio*) da parte di tutti e due e chiudo! (*Il matto abbassà il ricevitore quindi si getta subito alla ricerca del materiale*) «Al lavoro signor giudice, il tempo stringe». Ah ah, un'occasione come questa per dimostrare a me stesso e al mondo intiero che i miei studi sono approfonditi, che sono degno di entrare nella categoria dei «superiori» infallibili e sacri… dove la trovo piú? Dio, come sono emozionato! È come se dovessi dare un esame, piú di un esame di laurea maxima! Se riesco a convincerli che sono un vero giudice revisore… se non smarrono, per la miseria, sono in cattedra! Ma guai se sgarro! Vediamo un po', prima di tutto, trovare la camminata… (*Ne prova una leggermente claudicante*) No, questa è quella del cancelliere. Camminata artritica ma con dignità! Ecco cosí, col collo un po' torto… da cavallo da circo in pensione… (*Prova e ci rinuncia*). No, meglio ancora la «scivolosa» con lo scattino finale. (*Esegue*) Mica male! E la «ginocchia di budino»?[33] (*esegue*) oppure quella rigida a saltabecco. (*Esegue: passi brevi veloci*

altalenando tacco-punta).[34]

Accidenti, gli occhiali… No, niente occhiali. L'occhio destro un po' socchiuso… ecco, cosí, lettura di sguincio, poche parole… un po' di tosse: ohcc, ohcc! No, niente tosse… qualche tic? Beh, vedremo sul posto, se sarà il caso. Fare mellifluo, voce nasale?! Bonario con scatti all'improvviso, di testa: «No! caro questore, lei deve smetterla, lei non è piú direttore di un penitenziario fascista…[35] se lo rammenti ogni tanto!»

No, no è meglio un tipo tutto al contrario: freddo, staccato, tono perentorio, voce monocorde, sguardo triste un po' da miope… che adopera gli occhiali, ma usa una lente sola: cosí.

(*Esegue facendo la prova, sfoglia alcune carte*)

Ma tu guarda! Porco boia:[36] eccoli qua i documenti che cercavo! Ehi, calma… cos'è sta sbragata?[37] Rientrare subito nel personaggio… prego! (*Con tono perentorio*) ci sono tutti? Vediamo: decreto di archiviazione del tribunale di Milano… Ah, c'è anche l'inchiesta sugli anarchici del gruppo romano… col Ballerino[38] in testa… Bene! (*Caccia tutto dentro la cartella, ma prima si assicura chc sia vuota, la capovolge e la scuote*)

Un momento, è che se per caso, c'è rimasto dentro ancora qualche vetrino…[39] non si sa mai, con le borse della giustizia! Verificare sempre prima dell'uso!

A questo punto, dopo che il matto ha preso da un attaccapanni un soprabito scuro e un cappello nero, entra il commissario, non lo riconosce cosí bardato, ha un attimo di perplessità.

COMMISSARIO   Buon giorno, desidera? Chi cerca?

MATTO   Niente commissario, sono tornato a riprendere i miei documenti…

COMMISSARIO   Ah, ancora lei? fuori!!

MATTO   Per favore, se è nervoso per i fatti suoi, perché se li viene a sfogare su di me?

COMMISSARIO   Fuori! (*Lo accompagna, spingendolo, alla porta*).

MATTO   Ma per dio! Siete tutti nevrastenici qui dentro? A cominciare da quel matto abusivo che va in giro a cercarla per spaccarle la faccia.

COMMISSARIO (*si arresta un attimo*)   Chi va in giro a cercarmi?

MATTO   Un tale, col maglione girocollo dolcevita,[40] non glielo ha ancora dato il pugno?

COMMISSARIO   Un pugno a me?

MATTO   Sí, a lei e a un altro suo collega... un certo Angari... Angario...

COMMISSARIO   Anghiari... un commissario di Roma... della politica?[41]

MATTO   E che ne so io?!

COMMISSARIO   E perché dovrebbe venirci a dare un pugno 'sto tipo «dolcevita»?

MATTO   Per via di un pernacchio.

COMMISSARIO   Un pernacchio?

MATTO   Sí, anzi due, per telefono... e con la risatina carogna[42] ah, ah... Non si ricorda: ah, ah! (*Mima l'allontanare della cornetta come faceva prima*).

COMMISSARIO   Ma cosa sta dicendo? Cos'è, un altro dei suoi personaggi?

MATTO   Sí, se ne accorgerà che personaggio quando le arriverà il pugno in un occhio... e non gli posso neanche dare torto, al povero dirimpettaio del quarto piano...

COMMISSARIO   A chi?

MATTO   Al suo collega, cosa gli va a dire che spera tanto che lo sbattano in Calabria al seminterrato... lui e il suo capo ex guardia confinaria del fascio?

COMMISSARIO   Chi, il nostro questore? quello che...

MATTO   Che vi dirige e vi guida!

COMMISSARIO   Senta, adesso basta, m'ha fatto perdere già troppo tempo... Per favore: se ne vada! Vattene!

MATTO   Per sempre? (*Accenna bacetti di addio*) Bciu, bciu! (*Moto di rabbia del commissario*) ...Va bene, d'accordo, me ne vado. Ad ogni modo, se vuole un consiglio... proprio perché m'è simpatico, appena incontra il «dolcevita dirimpettaio» lei, si abbassi, mi dia retta! (*Esce*).

Il commissario manda un gran sospiro poi va diritto all'attaccapanni (lo vede completamente vuoto).

COMMISSARIO (*rincorrendolo*)   Ma, 'sto disgraziato! Quello con la scusa di fare il matto si frega pure i cappotti... Ehi tu! (*Blocca l'agente che sta entrando in quell'istante*) Rincorri quel matto... quello che c'era qui prima... Sta uscendo con il mio soprabito... il cappello... e forse anche la borsa... certo, anche quella è mia! Presto, prima che se la batta!

AGENTE   Subito commissario... (*Si arresta sulla porta, parla rivolgendosi all'esterno, al di là delle quinte*) Sí dottore... il commissario è qui... s'accomodi (*rivolto al commissario che sta armeggiando alla ricerca dei fogli stracciati dal matto*).

COMMISSARIO   Ma dove sono andate a finire le denunce?...

AGENTE   Dottor Bertozzo, c'è qui il commissario della politica che la desidera.

Il commissario Bertozzo solleva la testa dalla scrivania, si alza e gli va incontro, verso la quinta di destra.

COMMISSARIO   Oh, carissimo... proprio un secondo fa stavo parlando di te con un matto che mi diceva... ah, ah... pensa un po'... che appena tu mi avessi incontrato... mi avresti dato... (*Dalla quinta spunta un braccio rapidissimo. Il Bertozzo si ritrova letteralmente scaraventato a terra, ha ancora la forza di terminare la frase*) ... un pugno! (*e crolla*).

Dalla porta si affaccia il matto che grida:

MATTO   Gliel'avevo detto di abbassarsi!

Buio: stacco musicale sul buio, probabilmente una marcia grottesca tipo ingresso dei «comici». Il tempo necessario per il cambio di scena.

Si riaccende la luce e ci troviamo in un ufficio molto simile al primo. I mobili piú o meno sono gli stessi, sono disposti solo diversamente. Sulla parete di fondo campeggia il ritratto del presidente, piuttosto grande. Ben evidente il riquadro di una finestra spalancata. In scena c'è già il matto, in piedi, impalato, faccia alla finestra, porge le spalle all'ingresso da dove entra dopo alcuni istanti un commissario con giacca sportiva e maglione girocollo.[43]

COMMISSARIO SPORTIVO (*sottovoce all'agente che se ne sta immobile a lato della porta*)   E quello chi è? Che vuole!

AGENTE   Non so dottore. È entrato con una tale boria manco fosse il padreterno.[44] Dice che vuol parlare con lei e con il questore.

COMMISSARIO sportivo (*che non ha mai smesso di massaggiarsi la mano destra*)   Ah, vuol parlare? (*Si avvicina al matto con fare piuttosto ossequioso*) Buon giorno, desidera? M'hanno detto che cercava di me.

MATTO (*lo squadra impassibile, fa appena il cenno con la mano a sollevare il cappello*)   Buon giorno. (*Sofferma il proprio sguardo sulla mano che il commissario continua a massaggiarsi*) Cosà s'è fatto alla mano?

COMMISSARIO SPORTIVO   Ah, niente... chi è lei?

MATTO   Non s'è fatto niente? E allora perché si massaggia? Cosí, per darsi un contegno? Una specie di tic?[45]

Il commissario comincia a spazientirsi.

COMMISSARIO SPORTIVO   Può darsi... le ho chiesto, con chi ho il piacere?!...

MATTO   Una volta ho conosciuto un vescovo che si massaggiava come lei. Un gesuita.

COMMISSARIO SPORTIVO   Sbaglio o lei...!?

MATTO   Certo che si sbaglia! Sbaglia di sicuro, se cerca di insinuare che io abbia voluto alludere alla proverbiale ipocrisia dei gesuiti... Io, se non le spiace, tanto per cominciare, ho studiato dai gesuiti, e con questo? Lei ha forse qualcosa da obiettare?

COMMISSARIO SPORTIVO (*impacciato, stordito*)   No, per carità... non... ma, ecco...

MATTO (*cambiando tono all'istante*)   Però quel vescovo di cui le dicevo, quello sí, era proprio un ipocrita... un bugiardone... infatti si massaggiava sempre una mano...

COMMISSARIO SPORTIVO   Senta, ma lei...

60

MATTO (*senza manco considerarlo*)   Lei dovrebbe andare da uno psicanalista. Quel massaggiarsi in continuazione è oltretutto sintomo di insicurezza... senso di colpa... e insoddisfazione sessuale. Ha forse difficoltà con le donne?

COMMISSARIO SPORTIVO (*perdendo le staffe*)   Ah, ma allora! (*Sferra un pugno sul tavolo*).

MATTO (*indicando il gesto*) Impulsivo! Ecco la controprova! Dica la verità, non è un tic... lei ha dato un pugno a qualcuno non piú di un quarto d'ora fa, confessi!

COMMISSARIO SPORTIVO   Ma che, confesso? Piuttosto, mi vuole dire una buona volta con chi ho l'onore... e mi faccia il piacere di togliersi il cappello, fra l'altro!

MATTO   Ha ragione. (*Si toglie il cappello con studiata lentezza*) Ma, mi creda non lo tenevo in capo per villania... è solo per quella finestra spalancata, soffro le correnti d'aria... specie alla testa. Lei no? Senta, non si potrebbe chiuderla?

COMMISSARIO SPORTIVO (*secco*)   No, non si può!

MATTO   Come non detto: Sono, il professor Marco Maria Malipiero, primo consigliere della corte di cassazione...[46]

COMMISSARIO sportivo   Giudice? (*E si sente quasi mancare*).

MATTO   Già... già... libero docente all'università di Roma. Sono due i «già» e dopo il secondo «già» c'è la virgola, come sempre.

COMMISSARIO SPORTIVO (*frastornato*)   Capisco...

MATTO (*ironico aggressivo*)   Cosa capisce?

COMMISSARIO SPORTIVO   Niente, niente.

MATTO   Appunto... (*Di nuovo aggressivo*) Cioè: niente affatto! Chi l'ha informata del fatto che io sarei dovuto arrivare per la revisione dell'inchiesta e dell'archiviazione?

COMMISSARIO SPORTIVO (*ormai alle corde*)[47] Ma, veramente... io...

MATTO   Attento a non mentire. È una cosa che mi innervosisce tremendamente... Anch'io ho un tic... e mi prende qui sul collo... appena qualcuno mi dice delle frottole... guardi come mi vibra... guardi! Allora, lo sapeva o no della mia venuta?

COMMISSARIO SPORTIVO (*deglutendo imbarazzato*)   Sí, lo sapevo... Ma non lo si aspettava cosí presto... ecco...

MATTO   Già, ed è proprio per questo che il consiglio superiore ha deciso di anticipare... Abbiamo anche noi i nostri informatori.

E cosí vi abbiamo presi in contropiede! Dispiaciuto?

COMMISSARIO SPORTIVO (*ormai nel «pallone»*)[48] No, s'immagini... (*Il matto indica il proprio collo che vibra*) ... cioè sí... moltissimo. (*Gli indica una sedia*) Ma s'accomodi, mi dia pure il cappello... (*Lo afferra e poi ci ripensa*) O forse preferisce tenerselo...?

MATTO Per carità, se lo tenga pure lei... tanto non è nemmeno mio.

COMMISSARIO SPORTIVO Come? (*Poi va verso la finestra*) Vuole che chiudiamo la finestra?

MATTO Niente affatto. Non si scomodi. Mi faccia chiamare piuttosto il questore... vorrei che si cominciasse al piú presto.

COMMISSARIO SPORTIVO Senz'altro... Ma non sarebbe meglio se si andasse da lui nel suo ufficio... è piú comodo.

MATTO · Già, ma è in questo, d'ufficio, che è successo il fattaccio dell'anarchico, vero?

COMMISSARIO SPORTIVO Sí, è qui.

MATTO (*spalancando le braccia*) E allora!

Si siede, estrae dalla borsa alcuni documenti, ci rendiamo conto che ha con sé anche un'altra borsa, enorme, dalla quale estrae un sacco di carabattole: una lente, una pinza, una graffettatrice, una mazza di legno da giudice...[49] un codice penale.[50] Vicino alla porta il commissario sta parlando sottovoce all'orecchio dell'agente.

MATTO (*continuando a mettere in ordine gli incartamenti*) Preferirei, commissario, che, in mia presenza, si parlasse sempre a voce alta!

COMMISSARIO SPORTIVO Sí, scusi. (*Rivolto all'agente*) Prega il signor questore di venire qui al piú presto, se può...

MATTO Anche se non può!

Il commissario si corregge succubo.

COMMISSARIO SPORTIVO Sí, anche se non può.

AGENTE (*uscendo*) Signorsí...

COMMISSARIO SPORTIVO (*osserva per un attimo il giudice che sta ordinando gli incartamenti. Con delle puntine ne ha affissi più di uno sulla parete di lato, sulle ante delle finestre, sull'armadio. Di colpo si ricorda di qualcosa*) Ah, giusto... i verbali! (*Afferra il telefono e compone il numero*) Pronto, mi passi il commissario Bertozzo... dove è andato? Dal signor questore? (*Abbassa la cornetta e si accinge a riformare un altro numero*).

Il matto lo interrompe.

MATTO   Scusi se mi permetto, dottore...

COMMISSARIO SPORTIVO   Dica, signor giudice.

MATTO   Il commissario Bertozzo di cui lei si sta preoccupando, ha qualche cosa a che vedere forse con la revisione dell'inchiesta?

COMMISSARIO SPORTIVO   Sí... ecco, cioè... siccome lui ha l'archivio con tutta la documentazione...

MATTO   Ma non occorre... ho già qui tutto io con me... perché procurarne un'altra copia? A che serve?

COMMISSARIO SPORTIVO   Ha ragione, non serve.

Dall'esterno si sente arrivare la voce adirata del questore che entra come una catapulta. Alle sue spalle l'agente lo segue imbragato.

QUESTORE   Ma dico, commissario, cos'è 'sta storia che io devo venire da lei anche se non posso?

COMMISSARIO SPORTIVO   No, ha ragione, dottore... ma è che siccome...

QUESTORE   Siccome un corno![51] Cos'è diventato, mio superiore tutto a un tratto? L'avverto subito che questo suo modo insolente di comportarsi non mi piace affatto... specie verso i suoi colleghi... andiamo, se adesso arriva addirittura ai pugni in faccia!

COMMISSARIO SPORTIVO   Eh, ma vede signor questore... il Bertozzo non le ha detto del pernacchio e del gioco di parole sul «calabrese» seminterrato...

Il matto fingendo di mettere a posto le sue scartoffie s'è nascosto accovacciandosi dietro la scrivania.

QUESTORE Ma che pernacchio calabrese! Andiamo, non facciamo i ragazzini... invece di starsene tranquillo... che abbiamo già tutti gli occhi addosso... con quei disgraziati di giornalisti che alludono, mettono in giro un sacco di notizie bastarde... e la smetta di volermi zittire... io parlo come e... (*Il commissario gli indica il finto giudice che simula non partecipare*). Ah quello? Per dio! E chi è? Un giornalista? Ma perché non mi ha subito...

MATTO (*senza sollevare gli occhi dai fogli*) No, signor questore, non si preoccupi, non sono un giornalista... non ci saranno pettegolezzi di sorta... gliel'assicuro.

QUESTORE La ringrazio.

MATTO Io capisco e condivido la sua preoccupazione, d'altronde io stesso prima di lei ho cercato di redarguire questo suo giovane collaboratore.

QUESTORE (*rivolto al commissario*) Davvero?

MATTO Questo giovane che ho notato di indole piuttosto irascibile ed insofferente e che ora, dai loro discorsi, scopro essere allergico perfino al pernacchio calabrese,[52] che, detto tra noi, è uno dei piú blandi, specie se confrontato con quello sorrentino o capuano! Lei se ne intende? (*Se lo tira appresso confidenziale, il questore lo segue attonito*).

QUESTORE No, io veramente...

MATTO (*parlandogli quasi all'orecchio*) Mi dia retta, dottore... le parlo come ad un padre: questo ragazzo ha bisogno di un buon psichiatra... Tenga, lo porti da questo mio amico... è un genio. (*Gli ha messo in mano un biglietto da visita*) Professor Antonio Rabbi... già libero docente... Ma faccia caso alla virgola.

QUESTORE (*che non sa come liberarsi*) Grazie, ma se mi permette, io...

MATTO (*cambiando tono all'improvviso*) Ma senz'altro, le permetto senz'altro... S'accomodi... e diamo inizio... A proposito il suo collaboratore l'ha informata del fatto che io...?

COMMISSARIO SPORTIVO No, mi scusi ma non ne ho avuto il tempo... (*Rivolto al questore*) Il professor Marco Maria

Malipiero, è il primo consigliere della corte di cassazione...

MATTO   Per carità, lasci perdere quel: «primo consigliere...» non ci tengo... dica pure «uno dei primi», mi basta!

COMMISSARIO SPORTIVO   Come preferisce.

QUESTORE (*che ha difficoltà a riprendersi dal botto*)   Eccellenza...[53] io non so proprio...

COMMISSARIO SPORTIVO (*gli viene in aiuto*)   Il signor giudice è qui per condurre una revisione d'inchiesta sul caso...

QUESTORE (*con uno scatto inaspettato*)   Ah, ma certo, certo, la aspettavamo!

MATTO   Vede, vede come è piú sincero il suo superiore? Gioca a carte scoperte lui! Impari! Ma certo è un'altra generazione, altra scuola![54]

QUESTORE   Sí, altra scuola.

MATTO   Guardi, mi permetta di dirglielo immediatamente: lei mi è come dire... quasi familiare... come se l'avessi già conosciuto... tanti anni fa. Non è che lei per caso è stato al confino?[55]

QUESTORE (*balbettando*)   Al confino?

MATTO   Ma cosa dico? Un questore al confino? Ma quando mai?! Veniamo piuttosto a noi![56]

QUESTORE   A noi!

MATTO (*fissandolo torvo*)   Ecco! (*Gli punta il dito*) Ma no, ma no: è impossibile! Basta con le allucinazioni! (*Si strofina gli occhi mentre il commissario velocissimo dice qualcosa all'orecchio del questore, che si accascia letteralmente su una sedia. Si accende nervoso una sigaretta*) Dunque, veniamo ai fatti. Ecco qua, secondo i verbali... (*sfoglia alcune carte*) numero... venticinque ventisei ventisette e ventotene...[57] (*Il commissario ha un moto di tosse per il fumo che gli va di traverso*). La sera del... la data non ci interessa... un anarchico, di professione manovratore delle ferrovie, si trovava in questa stanza per essere interrogato circa la sua partecipazione o meno all'operazione dinamitarda[58] alle banche, che aveva causato la morte di ben sedici cittadini innocenti! E qui sono parole sue testuali, signor questore : «Sussistevano sul suo conto pesanti indizi»! Ha detto cosí?

QUESTORE   Sí, ma in primo tempo,[59] signor giudice... poi...

MATTO   Siamo appunto al primo tempo... andiamo per ordine:
verso mezzanotte l'anarchico, preso da raptus,[60] è sempre lei
dottore che parla, preso da raptus si è buttato dalla finestra
sfracellandosi al suolo. Ora, che cos'è il «raptus»? Dice il
Bandieu[61] che il «raptus» è una forma esasperata di angoscia
suicida che afferra individui anche psichicamente sani, se in
loro è provocata un'ansia violenta, un'angoscia disperata.
Giusto?

QUESTORE e COMMISSARIO   Giusto.

MATTO   Allora vediamo, chi, che cosa ha procurato quest'ansia,
quest'angoscia: non ci resta che ricostruire l'azione: tocca a lei
entrare in scena, signor questore.

QUESTORE   Io?

MATTO   Sí, avanti: le spiace recitarmi il suo famoso ingresso?

QUESTORE   Scusi, quale famoso?

MATTO   Quello che ha determinato il raptus.

QUESTORE   Signor giudice... ci dev'essere un equivoco, non l'ho
fatta io quell'entrata, ma un mio vice, un collaboratore...[62]

MATTO   Eh, eh, non è bello buttare la responsabilità sui propri
dipendenti, anzi è bruttino... Su, si riabiliti e reciti la parte...

COMMISSARIO SPORTIVO   Ma signor giudice, è stato uno di quegli
espedienti a cui si ricorre spesso... in ogni polizia, cosí, per fare
confessare l'indiziato.

MATTO   Ma chi l'ha chiamata lei? Lasci parlare il suo superiore,
per piacere! Ma sa che è un bel maleducato? D'ora in poi
risponda solo se interrogato... capito? E lei dottore prego, mi
reciti quest'entrata, in prima persona.

QUESTORE   D'accordo. Le cose sono andate piú o meno cosí:
l'anarchico indiziato si trovava lí, proprio dove è seduto lei.
Il mio collabora... cioè io, sono entrato con una certa irruenza...

MATTO   Bravo!

QUESTORE   E l'ho aggredito!

MATTO   Cosí mi piace!

QUESTORE   Caro il mio manovratore, nonché sovversivo... devi
piantarla di prendermi in giro..

MATTO   No, no per favore... attenersi al copione. (Mostra i
verbali) Qui non c'è censura... non ha detto cosí!

66

QUESTORE   Beh, sí ho detto: hai finito di prendermi per il sedere![63]

MATTO   S'è limitato al sedere?

QUESTORE   Sí, glielo giuro.

MATTO   La credo, vada avanti. Come ha chiuso?

QUESTORE   Abbiamo le prove che le bombe alla stazione sei stato tu a metterle.

MATTO   Quali bombe?

QUESTORE   (*abbassando il tono: discorsivo*)   Sto parlando dell' attentato del venticinque...[64]

MATTO   No, risponda con le stesse parole di quella sera. Immagini che sia io il ferroviere anarchico. Su, coraggio, quali bombe?

QUESTORE   Non fare lo gnorri![65] Lo sai benissimo di che bombe parlo: quelle che avete messo nei vagoni alla stazione centrale, otto mesi fa.[66]

MATTO   Ma voi le avevate davvero queste prove?

QUESTORE   No, ma come le stava appunto spiegando il commissario prima, si trattava di uno di quei soliti inganni a cui si ricorre spesso noi della polizia...

MATTO   Ah ah... che lenze...[67] (*e sferra una manata sulle spalle del questore che resta allocchito*).

QUESTORE   Però avevamo dei sospetti... Dal momento che l'indiziato era l'unico ferroviere anarchico di Milano... era facile arguire che fosse lui...

MATTO   Certo, certo è lapalissiano, direi ovvio. Cosí, se è indubbio che le bombe in ferrovia le abbia messe un ferroviere, possiamo anche arguire di conseguenza che al palazzo di giustizia di Roma,[68] quelle famose bombe le abbia messe un giudice, che al monumento al milite ignoto le abbia messe il comandante del corpo di guardia e che alla banca dell'agricoltura, la bomba sia stata messa da un banchiere o da un agrario, a scelta. (*Si imbestialisce all'istante*) Andiamo, signori... io sono qui per fare un'inchiesta seria, non per giocare ai sillogismi cretini! Proseguiamo! Qui dice: (*legge su di un foglio*) «L'anarchico non sembrava toccato dall'accusa, sorrideva incredulo».[69] Chi ha fatto questa dichiarazione?

COMMISSARIO   Io, signor giudice.

MATTO   Bravo, allora sorrideva... ma qui si commenta anche:

67

sono parole vostre… testuali… riprese anche dal giudice che ha archiviato l'inchiesta… «indubbiamente ha concorso nella crisi suicida la paura di perdere il posto,[70] d'essere licenziato». Ma come, prima sorrideva incredulo, e poi tutto a un tratto ha paura? Ma chi gliel'ha messa 'sta paura?… Chi è andato giú a piedi giunti a parlargli di licenziamenti in tronco…?

COMMISSARIO   No, glielo giuro, per quanto mi riguarda… io…

MATTO   Per favore, non minimizziamo… E che, non sarete mica dei violinisti voi due… andiamo, tutti i poliziotti di 'sto mondo vanno giú di brutto[71] che è un piacere, e non capisco perché, proprio voi, dovreste essere gli unici ad andarci con la vaselina?[72] Ma è nel vostro diritto che vi comportiate cosí! Ma che, scherziamo?

QUESTORE e COMMISSARIO   Grazie signor giudice.

MATTO   Prego. D'altraparte si sa, certe volte è anche pericoloso, uno va a dire a un anarchico: «per te si mette male, chissà i dirigenti delle ferrovie quando gli diremo che sei un anarchico… ti sbattono in mezzo ad una strada… licenziato!» E quello si abbatte… Un anarchico, diciamoci la verità, ci tiene piú di tutti al posto… in fondo sono dei piccoli borghesi… attaccati alle loro piccole comodità: lo stipendio fisso tutti i mesi, la gratifica… la tredicesima,[73] la pensione, la mutua,[74] una vecchiaia serena… nessuno piú dell'anarchico pensa alla propria vecchiaia, credetemi… sto parlando degli anarchici nostrani, naturalmente… quei pantofolai di adesso… Niente da fare con quelli di una volta… quelli scacciati di terra in terra… lei se ne intende di scacciati, signor questore? Oh oh, ma cosa sto a dire?! Quindi, ricapitolando, voi abbattete moralmente l'anarchico, lo amareggiate, e lui si butta…[75]

COMMISSARIO   Se mi permette, signor giudice, per onestà non è avvenuto subito… manca ancora il mio intervento.

MATTO   Già già, ha ragione… prima è successo ancora che lei commissario è uscito, poi è rientrato, e dopo una pausa artistica ha detto… forza commissario, reciti la sua battuta… e immagini sempre che l'anarchico sia io…

COMMISSARIO   Sí, senz'altro: «Mi hanno telefonato adesso da Roma… c'è una bella notizia per te: il tuo amico, pardon, compagno ballerino[76] ha confessato… ha ammesso di essere stato lui a mettere la bomba alla banca di Milano».

MATTO   E lui, il ferroviere, come l'ha presa?

COMMISSARIO   Beh, male, è diventato pallido… ha chiesto una sigaretta… se l'è accesa…

MATTO   E poi si è buttato.

QUESTORE   No, non subito…

MATTO   Nella prima versione[77] lei ha detto: «subito» è vero?

QUESTORE   Sí, è vero.

MATTO   Per di piú sempre lei, parlando con la stampa e alla televisione, ha dichiarato che l'anarchico prima del tragico gesto si sentiva ormai perduto… era «incastrato». Ha detto cosí?

QUESTORE   Sí, ho detto proprio cosí: «incastrato».

MATTO   E poi, cos'ha dichiarato ancora?

QUESTORE   Che il suo alibi, quello secondo cui avrebbe trascorso il famoso pomeriggio dell'attentato a giocare alle carte in un'osteria del naviglio, era crollato, non reggeva piú.

MATTO   Quindi che l'anarchico era da ritenersi fortemente indiziato anche per gli attentati alle banche di Milano, oltre che ai treni. E ha aggiunto, per finire, che il gesto suicida dell'anarchico era un «evidente atto di accusa».[78]

QUESTORE   Si, l'ho detto.

MATTO   E lei commissario ha urlato che quello, da vivo, era un delinquente, un mascalzone! Ma dopo appena qualche settimana, lei, signor questore, ha dichiarato, ecco il documento, che «naturalmente» ripeto «naturalmente» sul povero ferroviere non pesavano indizi concreti. Giusto? Quindi era del tutto innocente,[79] e anche lei, commissario, ha persino commentato: «quell'anarchico era un bravo ragazzo».

QUESTORE   Sí, ammetto… ci siamo sbagliati…

MATTO   Per carità… tutti ci si può sbagliare. Ma voi, scusate, l'avete fatta un po' grossa, lasciatemelo dire: prima di tutto fermate arbitrariamente un libero cittadino, poi abusate della vostra autorità per trattenerlo oltre il termine legale,[80] quindi 'sto povero manovratore me lo traumatizzate andandogli a dire che avete le prove che lui è il dinamitardo delle ferrovie, poi gli create piú o meno volutamente la psicosi che perderà il posto di lavoro, poi che il suo alibi del gioco delle carte è crollato, e per finire, mazzata con rintocco:[81] che il suo amico e compagno di Roma si è confessato colpevole della strage di Milano: il suo amico è un assassino schifoso?! Tanto che lui commenta sconsolato: «è la fine dell'anarchia»[82] e si butta! Dico, ma siamo matti? A 'sto punto perché meravigliarci se a uno sfottuto a 'sta maniera gli prende il raptus?! Eh no, eh no, mi spiace, ma voi a mio avviso siete colpevoli, eccome! Siete totalmente responsabili della morte dell'anarchico! Da incriminare subito per istigazione al suicidio![83]

QUESTORE Ma signor giudice, come è possibile?! Il nostro mestiere, lo ha ammesso anche lei, è quello di interrogare gli indiziati, e per poterli far parlare, per forza, ogni tanto, bisogna ricorrere a stratagemmi, trappole, e qualche violenza psichica…

MATTO Eh, no, qui non si tratta di «qualche», ma di una continua violenza! Tanto per cominciare avevate o no le prove assolute che quel povero ferroviere avesse mentito circa il proprio alibi? Rispondete!

QUESTORE No, non avevamo prove assolute… ma…

MATTO I «ma» non mi interessano! Esistono ancora o no, due o tre pensionati che convalidano a tutt'oggi il suo alibi?

COMMISSARIO Sí, ci sono.

MATTO Quindi avete mentito anche alla televisione e alla stampa, dicendo che l'alibi era crollato e che sussistevano pesanti indizi? Dunque le trappole, i tranelli, le frottole non le usate solo per far cascare gli indiziati, ma anche per fregare, per sorprendere la buona fede del popolo credulone e fesso! (Il questore vorrebbe intervenire). Mi lasci terminare per favore: mai sentito dire che il divulgare notizie false[84] o comunque tendenziose è reato grave?

QUESTORE Ma quel mio collaboratore mi aveva assicurato…

MATTO Ah, ci riproviamo con lo scaricamento su terzi… e allora mi risponda lei commissario: la notizia che il ballerino anarchico aveva confessato, da dove viene? Mi sono letto tutti i verbali degli interrogatori condotti dalla polizia e dal giudice istruttore di Roma… (li mostra ai presenti). E non risulta mai che l'anarchico suddetto abbia ammesso anche una sola volta la propria responsabilità nella strage delle banche. E allora? Questa confessione ve la siete inventata voi un'altra volta? Rispondete!

COMMISSARIO   Si, ce la siamo inventata noi.

MATTO   Oeu, ma che fantasia! Dovreste fare gli scrittori voi due. E forse ne avrete l'occasione, credetemi. In galera si scrive benissimo. Vi sentite abbacchiati eh! E allora vi voglio aggiungere con tutta franchezza che a Roma hanno le prove schiaccianti di colpe gravissime nei vostri riguardi. Che siete ambedue spacciati; e che i ministeri della giustizia e degli interni hanno deciso di scaricarvi, di dare un esempio il piú severo possibile per ristabilire un credito che la polizia ha ormai perduto!

QUESTORE   No, è incredibile![85]

COMMISSARIO   Ma come possono…

MATTO   Sicuro: due carriere rovinate! È la politica, cari miei: prima servivate ad un certo gioco: c'era da stangare le lotte sindacali… creare il clima dell'«ammazza il sovversivo».[86] Adesso invece s'è un po' voltata… la gente sulla morte dell'anarchico defenestrato s'è troppo indignata… vuole due teste… e lo stato gliele dà!

QUESTORE   Proprio le nostre?!

COMMISSARIO   Appunto!

MATTO   C'è un vecchio detto inglese che dice: «il padrone aizza i mastini contro i villani… se i villani si lamentano dal re, il padrone, per farsi perdonare, ammazza i mastini ».[87]

QUESTORE   E voi pensate… davvero… siete convinto?

MATTO   E chi sono, io, se non il vostro giustiziere?

COMMISSARIO   Maledetto mestiere!!

QUESTORE   So io, chi mi ha fatto la forca… ah, ma gliela faccio pagare.

MATTO   Certo che saranno in molti a goderne della vostra disgrazia… a sghignazzare soddisfatti.

COMMISSARIO   Già, a cominciare dai nostri colleghi… è quello che mi fa andare in bestia!

QUESTORE   Per non parlare dei giornali.

COMMISSARIO   Chissà come ci sbatteranno!… Se li immagina i rotocalchi?

71

QUESTORE   Chissà cosa non ti tireranno fuori, 'sti vermi, che prima
venivano a leccarci le mani... «Dàgli allo sbirro! »[88]

COMMISSARIO   «Era un sadico, un violento! »

MATTO   Per non parlare delle umiliazioni... le ironie...

QUESTORE   E gli sfottò.[89] Tutti che ti volteranno le spalle... manco
un posto da guardiano di macchine troviamo piú!

COMMISSARIO   Mondo bastardo!

MATTO   No, governo bastardo![90]

QUESTORE   A 'sto punto, ci dica lei: cosa ci resta da fare? Ci
consigli!

MATTO   Io? E che vi posso dire?

COMMISSARIO   Sí, ci consigli lei!

MATTO   Io, al vostro posto...

QUESTORE   Al nostro posto?

MATTO   Mi butterei dalla finestra!

COMMISSARIO e QUESTORE   Come?

MATTO   Mi avete chiesto un consiglio... e a 'sto punto, piuttosto di
sopportare una simile umiliazione... Datemi retta, buttatevi!
Su, coraggio!

QUESTORE   Sí, va bene, ma che c'entra?!

MATTO   Appunto, non c'entra. Si lasci prendere dal raptus e si
butti! (*e li sospinge entrambi verso la finestra*).

COMMISSARIO e QUESTORE   Ma no, aspetti! Aspetti!

MATTO   Ma che «aspetti»? Cosa aspettate? Che ci state a fare su
'sta terra schifa? Ma è vita questa? mondo bastardo, governo
bastardo... Tutto è bastardo! Buttiamoci! (*e li trascina con veri
e propri strattoni*).

QUESTORE   Ma no, signor giudice che fa? Io ho ancora speranza!

MATTO   Non c'è piú speranza, siete finiti... volete capirla? Finiti!!
Giú!

QUESTORE e COMMISSARIO   Aiuto! Non spinga... per favore!

MATTO   Non sono io che spingo, è il «raptus». Evviva il « raptus »
liberatore! (*Li afferra per la vita e li costringe a montare sul
parapetto della finestra*).

QUESTORE e COMMISSARIO   No, no, aiuto! aiuto!

Entra l'agente che era uscito all'inizio dell'interrogatorio.

AGENTE   Che succede dottore?

MATTO   (*mollando la presa*) Ah, ah, niente, non è successo niente… vero commissario? Vero signor questore? Su, tranquillizzi questo suo agente.

QUESTORE   (*scende tremebondo dalla balaustra*) Beh, sí, stai comodo… è stato solo…

MATTO   Un « raptus ».

AGENTE   Un « raptus »?

MATTO   Sí, volevano buttarsi dalla finestra.

AGENTE   Anche loro?

MATTO   Sí, ma non lo dica ai giornalisti, per carità!

AGENTE   No, no.

COMMISSARIO   Ma non è vero, era lei, signor giudice, che voleva…

QUESTORE   Appunto.

AGENTE   Lei voleva buttarsi, signor giudice?

QUESTORE   No, lui spingeva.

MATTO   È vero, è vero: io li spingevo. E per poco non ci cascano sul serio… erano disperati. Ci vuole un niente, quando uno è disperato…

AGENTE   Eh, sí: «un niente»!

MATTO   E, li guardi, lo sono ancora disperati… guardi che facce da funerale!

AGENTE   (*eccitato dalla confidenza del giudice*) Sí, con decenza parlando… mi sembrano un po' sulla tazza,[91] come si dice…

QUESTORE   Ehi, ma siamo impazziti?

AGENTE   Mi scusi, volevo dire sul water.[92]

MATTO   Su, su con la vita, e tirate l'acqua…[93] come si dice… Allegria, dottori!

QUESTORE   Eh, parla bene lei… Nella nostra posizione… Le assicuro che c'è stato un momento in cui… quasi quasi, mi stavo buttando sul serio!

AGENTE   Si stava per buttare? Di persona?

COMMISSARIO   Beh, anch'io!

MATTO   Vedete, vedete dottori. Quando si dice il «raptus»?! E di chi sarebbe stata la colpa?

QUESTORE   Di quei bastardi del governo… e di chi se no… che prima ti sollecitano… «reprimere, creare il clima della sovversione, del disordine incombente»…

COMMISSARIO   «Del bisogno di uno stato forte!» Tu ti butti allo sbaraglio, e poi…

MATTO   No, niente affatto, la colpa sarebbe stata soltanto mia!

QUESTORE   Sua? E perché?

MATTO   Perché non è vero niente, ho inventato tutto io!

QUESTORE   Come sarebbe a dire? Non è vero che a Roma ci vogliono scaricare?

MATTO   No, non ci pensano nemmeno.

COMMISSARIO   E le prove schiaccianti?

MATTO   Mai avute prove.

COMMISSARIO   E la storia del ministro che voleva le nostre teste?

MATTO   Tutta una balla: il ministro vi adora, siete le pupille dei suoi occhi. E il capo della polizia poi, quando sente i vostri nomi si commuove… e chiama la mamma!

QUESTORE   Non scherza, vero?

MATTO   Niente affatto! Tutto il governo vi ama! E vi dirò che anche il detto inglese del padrone che ammazza i mastini è falso. Nessun padrone ha mai ammazzato un mastino per dare soddisfazione ad un contadino! Se mai è successo il contrario. E se il mastino muore nella rissa, il re manda subito telegrammi di cordoglio al padrone. E corone con bandiere![94]

Il commissario fa per prendere la parola, il questore nervoso si secca.

COMMISSARIO   Se non ho frainteso…

QUESTORE   Certo che ha frainteso… Lasci parlare me, commissario…

COMMISSARIO   Sí, scusi, dottore.

QUESTORE   Non capisco perché lei, signor giudice, abbia voluto montare tutta questa fandonia…

MATTO   Fandonia? Ma no, si tratta di quei normali «trabocchetti» o «inganni» a cui anche la magistratura ricorre qualche volta per dimostrare alla polizia quanto questi metodi siano incivili, per non dire criminali!

QUESTORE   Allora, lei continua a rimanere nella convinzione che

74

se l'anarchico s'è buttato dalla finestra, saremmo stati noi a spingervelo?

MATTO   Me l'avete convalidato voi stesso un momento fa... perdendo la testa!

COMMISSARIO   Ma noi non eravamo presenti nell'attimo in cui s'è buttato. Domandi alla guardia!

GUARDIA   Sí, signor giudice, loro erano appena usciti quando quello s'è buttato!

MATTO   Sarebbe come a dire che uno innesca una bomba in una banca, e poi esce, non è colpevole, perché non era presente al momento dello scoppio!! Ah, andiamo bene con la logica qui!...

QUESTORE   Ma no, signor giudice, c'è stato un equivoco... l'agente si riferiva alla prima versione... noi stiamo parlando della seconda.

MATTO   Ah già... perché c'è stata una specie di ritrattazione in un secondo tempo.

QUESTORE   Beh, proprio ritrattazione non direi... una semplice correzione.

MATTO   Giusto. Sentiamo: che cosa avete corretto?

Il questore fa cenno al commissario.

COMMISSARIO   Beh, abbiamo...

MATTO   Vi avverto che anche per questa nuova versione ho qui i verbali. Prego: sentiamo...

COMMISSARIO   Abbiamo corretto l'ora[95] del... come dire... dell'inganno...

MATTO   Come l'ora dell'inganno?

QUESTORE   Sí, insomma, abbiamo dichiarato che il tranello dell'anarchico con relative frottole invece che a mezzanotte gliel'avevamo recitato verso le otto di sera.

COMMISSARIO   Alle venti, insomma...!

MATTO   Ah, avete anticipato tutto di quattro ore, anche il volo dalla finestra! Una specie di orario estivo sviluppato!

COMMISSARIO   No, il volo no... quello è avvenuto sempre a mezzanotte... invariato. C'erano i testimoni.

QUESTORE   Fra gli altri quel giornalista[96] che stava nel cortile, si ricorda? (*Il giudice fa cenno di no*). Quello che ha sentito i tonfi sul cornicione e al suolo ed è accorso per primo... quello s'è segnato subito l'ora.

MATTO Va bene... il suicidio è avvenuto a mezzanotte e il saltafosso bidone[97] alle venti... E allora, come la mettiamo con il raptus? Dico... è sul raptus, fino a prova contraria, che si basa tutta la vostra versione del suicidio...

Tutti quanti, a cominciare dal giudice istruttore per finire al pubblico ministero, avete sempre insistito sul fatto che quel poveraccio si sarebbe buttato: «causa raptus *improvviso*»... e adesso, sul piú bello, mi sbattete via il «raptus».

QUESTORE No, no... noi non glielo sbattiamo via affatto il «raptus»...

MATTO E sí che lo sbattete!: mi distanziate il suicidio di addirittura quattro ore dal momento in cui lei o quel suo collaboratore entrate e gli fate lo scherzo gigante dell'«Abbiamo le prove!» E dove mi va a finire cosí il «raptus» all'improvviso? Dopo quattro ore... hai voglia...[98] avrebbe avuto il tempo di smaltire altro che quella di balla, l'anarchico... potevate anche raccontargli che Bakunin[99] era un pappone e faceva il confidente della polizia e del Vaticano, ed era lo stesso!

QUESTORE Ma era proprio quello che volevamo, signor giudice!

MATTO Volevate raccontargli di Bakunin pappone?

QUESTORE No, volevamo dimostrare che il «raptus» non può essere stato determinato dai nostri inganni, dalle nostre false affermazioni... insomma proprio perché da quel momento all'altro del suicidio sono trascorse quattro ore!

MATTO E già e già, ha ragione! Ma che bella pensata... che bravo!!!

QUESTORE Grazie signor giudice.

MATTO E già, cosi nessuno può piú incolparvi di certo: la balla cattiva c'è stata, ma non può considerarsi determinante!

COMMISSARIO Esatto. Quindi siamo innocenti.

MATTO Bravi. Non si capisce perché poi quel poveraccio si sia buttato dalla finestra, ma non ha importanza, per adesso, importante è che voi risultiate innocenti.

QUESTORE Grazie ancora. Le dirò con sincerità che temevo lei partisse prevenuto nei nostri riguardi.

MATTO   Prevenuto?

COMMISSARIO   Sí, che ci volesse colpevoli ad ogni costo.

MATTO   Per carità... è proprio all'opposto semmai: vi dirò che se mi sono comportato in modo un po' duro e provocatorio, è stato solo per indurvi a produrre prove e argomenti tali da mettermi in condizioni di aiutarvi il piú possibile ad uscirne vittoriosi.

QUESTORE   Ne sono sinceramente commosso... È bello sapere che la magistratura è sempre la miglior amica della polizia!!![100]

MATTO   Diciamo collaboratrice...

COMMISSARIO e QUESTORE   Sí, diciamo.

MATTO   Ma anche voi dovete collaborare perché io vi possa aiutare fino in fondo... e rendere inattaccabile la vostra posizione.

QUESTORE   Senz'altro.

COMMISSARIO   Con piacere.

MATTO   Per prima cosa dobbiamo provare, con argomenti inconfutabili, che, durante quelle quattro ore, l'anarchico aveva smaltito ogni piú piccolo scoramento, il famoso «crollo psicologico»,[101] come lo chiama il giudice archiviatore.

COMMISSARIO   Beh, c'è la testimonianza dell'agente, qui, e anche la mia, in cui si dichiara che l'anarchico, dopo un primo moto di sconforto, si riprendeva...

MATTO   È a verbale?

COMMISSARIO   Sí, credo...

MATTO   Sí sí, c'è, fa parte della seconda versione dei fatti... eccola. (*Legge*) «ll ferroviere si calma e dice che fra lui e l'ex ballerino non c'erano buoni rapporti».[102] Ottimo!

QUESTORE   Come a dire che non gliene importava un gran che di venire a sapere che fosse lui il dinamitardo assassino.

MATTO   Certo, non lo stimava molto, né come anarchico né come ballerino!

COMMISSARIO   Forse non lo considerava nemmeno anarchico.

MATTO   Io dico che lo disprezzava.

COMMISSARIO   Durante una lite si tirarono addosso perfino una saliera...

QUESTORE   Oh, che porta cosí male!

MATTO   E non dimentichiamo che il nostro ferroviere era a conoscenza del fatto che nel gruppo anarchico romano

bazzicassero un sacco di spie e confidenti della polizia..![103] Lui
gliel'aveva anche detto al ballerino: «La polizia e i fascisti vi
adoperano per far scoppiare disordini... siete pieni di provocatori pagati... che vi portano dove vogliono... e poi chi ci
andrà di mezzo sarà tutta la sinistra... »

COMMISSARIO Può darsi che abbiano litigato proprio per questo!

MATTO Già, e dal momento che il ballerino non gli aveva dato
retta; forse il nostro ferroviere ha cominciato a sospettare che
anche lui fosse un provocatore.

QUESTORE Ah, può darsi.

MATTO Quindi, non importandogli niente, prova inconfutabile:
l'anarchico era sereno.

COMMISSARIO Anzi sorrideva addirittura... si ricorda, l'ho dichiarato io stesso fin dalla prima versione.

MATTO Già, ma c'è purtroppo il guaio, che nella prima versione
siete anche andati a raccontare che l'anarchico s'era acceso una
sigaretta, «abbattuto», alla Francesca Bertini[104] e che aveva
commentato «sconsolato»: «è la fine dell'anarchia». Ta-tata-ta!
Andiamo, ma che v'è saltato in mente di buttarla sul melodrammatico a 'sto modo. Per dio!

QUESTORE Ha ragione, signor giudice. È che è stata un'idea sua,
del giovanotto qui; gliel'avevo anche detto: le sceneggiate
lasciamole fare ai cinematografari, noi facciamo i poliziotti...

MATTO Datemi retta, a 'sto punto, l'unica, per capirci qualche
cosa, se vogliamo trovare una soluzione organica, è buttare tutto
all'aria e ricominciare da capo.

COMMISSARIO Dobbiamo dare una terza versione?

MATTO Per carità! basta rendere piú plausibili le due che abbiamo
già.

QUESTORE Giusto.

MATTO Dunque, punto primo, regola prima: Quel che è detto è
detto e non si torna piú indietro. Perciò resta fisso che lei
commissario e lei o chi per lei signor questore avete fatto il
vostro saltafosso bidone... che l'anarchico s'è fumata la sua
ultima sigaretta, che ha recitato la sua frase melodrammatica...
ma è qui che abbiamo la variante: non si è buttato dalla finestra
perché non era ancora mezzanotte, erano solo le otto.

QUESTORE   Come da seconda versione…

MATTO   E si sa un ferroviere rispetta sempre l'orario.

QUESTORE   Fatto sta che cosí abbiamo tutto il tempo di fargli cambiare umore… tanto da fargli rimandare l'intento suicida.

COMMISSARIO   Non fa una grinza!

MATTO   Sí, ma come è avvenuto questo cambiamento?… il tempo da solo non basta a medicare certe ferite… qualcuno l'avrà aiutato… che so, con qualche gesto…

AGENTE   Io gli ho dato un chewingum!

MATTO   Bravo. E voi?

QUESTORE   Ma, io non c'ero…

MATTO   No, questo è un momento troppo delicato, lei doveva esserci!

QUESTORE   D'accordo, c'ero.

MATTO   Bene, tanto per cominciare possiamo dire che la costernazione in cui era caduto l'anarchico vi aveva un po' commossi?

COMMISSARIO   Sí, a me mi aveva proprio commosso.[105]

MATTO   E possiamo aggiungere che vi era dispiaciuto l'averlo amareggiato… signor questore… lei, un uomo cosí sensibile!

QUESTORE   Sí, in fondo m'aveva fatto una certa pena… mi era dispiaciuto.

MATTO   Perfetto! E scommetto che non ha potuto fare a meno di posargli una mano sulla spalla…

QUESTORE   No, non credo.

MATTO   Andiamo, è un gesto paterno…

QUESTORE   Beh, forse, ma non ricordo.

MATTO   Io sono sicuro che l'ha fatto! La prego… mi dica di sí!…

AGENTE   Sí, sí, l'ha fatto… l'ho visto io!

QUESTORE   Beh, se m'ha visto lui…

MATTO   (rivolto al commissario)   E lei invece gli ha mollato un buffetto sulla guancia… cosí. (Gli dà un buffetto).

COMMISSARIO   No, mi spiace deluderla, ma sono sicuro che no… non gli ho dato buffetti.

MATTO   Certo che mi delude… e sa perché?… perché quell'uomo oltreché anarchico era un ferroviere!

Se l'era dimenticato? E sa che significa ferroviere? Significa qualcosa che è legata per tutti alla nostra infanzia… significa trenini elettrici e a molla. Lei da bambino non ha mai avuto trenini?

COMMISSARIO   Sí ne avevo uno proprio a vapore... col fumo... un treno blindato, naturalmente.

MATTO   E faceva anche tu-tut?

COMMISSARIO   Sí, tu-tut...

MATTO   È splendido! Ha detto tu-tut... e le si sono illuminati gli occhi!!!
No, lei dottore non può che aver sentito affetto per quell'uomo... perché nel suo inconscio era legato al suo trenino... e se l'indiziato fosse stato, che so, un banchiere, lei non l'avrebbe nemmeno guardato, ma era un ferroviere e... lei, ne sono piú che certo... lei gli ha dato il buffetto...

AGENTE   Si, è vero... l'ho visto io: gliel'ha dato: due buffetti!

MATTO   Vede... ho i testimoni! E che cosa ha aggiunto mentre lo buffettava?...

COMMISSARIO   Non ricordo...

MATTO   Glielo dico io cosa ha detto: gli ha detto: «su, su... non abbatterti cosí... (e l'ha chiamato per nome) vedrai, l'anarchia non morirà!»

COMMISSARIO   Ma, non mi pare...

MATTO   Eh, no... per dio... lei l'ha detto... se no mi arrabbio. Guardi il nervo sul collo. Ammette sí o no d'averlo detto?

COMMISSARIO   Eh, va bene, se le fa piacere...

MATTO   E allora lo dica... devo metterlo a verbale. (*Comincia a scrivere*).

COMMISSARIO   Beh, ho detto... su, su... (ragazzo), non te la prendere... vedrai... l'anarchia non morirà!

MATTO   Bene... e poi avete cantato!

QUESTORE   Abbiamo cantato. . . ?

MATTO   Per forza, arrivati a 'sto punto... s'è creato un clima di tale amicizia, di cameratismo... che non si può fare a meno di cantare: tutti in coro! Sentiamo, cosa avete cantato? «Nostra patria è il mondo intiero»,[106] immagino...

QUESTORE   No, scusi signor giudice ma sul fatto del canto in coro non la possiamo proprio piú seguire...

MATTO   Ah, non mi seguite?... e allora sapete che vi dico?: io vi

80

mollo e arrangiatevi... son fatti vostri! Ordinerò i fatti cosí come me li avete esposti... sapete cosa ne sortirà? scusatemi l'espressione vivace: ne verrà fuori un gran casino![107] Sí, proprio! Prima dite una cosa, poi la ritrattate... date una versione, dopo mezz'ora ne date un'altra tutta diversa... non vi trovate nemmeno d'accordo fra di voi... qui c'è un appuntato che racconta addirittura che l'anarchico avrebbe già tentato di buttarsi[108] una prima volta lo stesso giorno nel tardo pomeriggio, in vostra presenza... e voi di 'sto particolare da niente non ne avete manco accennato. Fate dichiarazioni a tutta la stampa e, se non mi sbaglio, addirittura al telegiornale, di questo tenore: «naturalmente» degli interrogatori fatti all'anarchico non esiste nessun verbale, non s'è fatto in tempo... e dopo un po': miracolo, ne saltano fuori addirittura due o tre di verbali... e firmati da lui... di suo pugno, da vivo! Ma se un indiziato si contraddicesse una metá di come vi siete impapocchiati voi, l'avreste come minimo accoppato![109]

Sapete cosa pensa a 'sto punto di voi la gente? Che siete dei gran cacciaballe... oltre che dei biricchini... Ma chi volete che vi creda piú ormai, oltre il giudice archiviatore, naturalmente. E sapete la ragione principale del perché la gente non vi crede?... perché la vostra versione dei fatti, oltre che strampalata, manca di umanitá... di calore umano. Nessuno dimentica la risposta sgarbata e insolente data da lei,[110] commissario, alla povera vedova dell'anarchico che le chiedeva perché non l'avessero avvisata della morte del marito. Non c'è mai un momento di commozione... nessuno di voi che si lasci mai andare... che sbraghi...[111] magari che rida, pianga... canti!... La gente vi saprebbe perdonare tutte le contraddizioni in cui siete caduti ad ogni piè sospinto, se, in cambio, dietro a questi impacci, riuscisse ad intravvedere un cuore... due «uomini umani», che si lasciano afferrare alla gola dalla commozione[112] e, ancorché poliziotti, cantano con l'anarchico la sua canzone... pur di fargli piacere... «nostra patria è il mondo intiero»... chi non scoppierebbe in lacrime... chi non urlerebbe i vostri nomi festanti ascoltando una simile storia! Vi prego! Per il vostro bene... perché l'inchiesta vada in vostro favore... Cantate!

(*Comincia a cantare sottovoce ammiccando ai poliziotti che impacciati uno dopo l'altro accennano a cantare con lui*)
   Raminghi per le terre e per i mari
   per un'idea lasciamo i nostri cari.[113]
Forza! voce! (*Li afferra addirittura per le spalle esaltandoli*)
   Nostra patria è il mondo intiero…
voce per dio![114]
   nostra legge è la libertà
   ed un pensiero ed un pensiero…
   nostra patria è il mondo intiero…

Lentamente, sul coro a voce piena, scende il buio.

Secondo Tempo

Prima ancora che ritorni la luce i quattro riprendono a cantare come nel finale del primo tempo, per terminare nell'acuto risolutivo con la luce che rimonta in «totale».[1]

IL MATTO (*applaude, abbraccia e stringe mani*) Bravi, bravi! Adesso sí, che ci siamo. A questo punto nessuno potrà piú mettere in dubbio che l'anarchico non fosse piú che sereno!

COMMISSARIO Io azzarderei che fosse contento.

MATTO Certo, si sentiva come a casa. Fra i componenti di uno di quei circoli romani[2] dove per l'appunto sono sempre di piú i poliziotti travestiti, che gli anarchici veri.

QUESTORE Il fuoco di fila[3] delle nostre contestazioni false non aveva minimamente intaccato la sua psiche.

MATTO Quindi niente raptus; il raptus viene dopo. (*Indica il commissario*) Quando?

COMMISSARIO Verso mezzanotte.

MATTO Causato da che cosa?

QUESTORE Beh, io credo che la ragione...

MATTO No, no, per dio! Lei non crede niente... Lei non deve saperne niente, signor questore!

QUESTORE Come, non devo sapere?

MATTO Ma porco cane, siamo qui che facciamo i salti mortali per tirarla via di mezzo, per dimostrare che lei con la morte del ferroviere non ha niente a che fare... perché non era nemmeno presente...

QUESTORE Ha ragione, mi scusi... ero distratto.

MATTO Eh ma lei si distrae un po' troppo, dottore... Stia piú attento... Dunque, come diceva Totò[4] in una vecchia farsa, «a quest'ora il questore in questura non c'era!» Ma c'era il commissario.

COMMISSARIO Sí, io c'ero, però di lí a poco me ne sono uscito...

MATTO Ah, ci rifacciamo con lo scaricamento.[5] Da bravo, mi racconti cosa è successo intorno alla mezzanotte.

COMMISSARIO Eravamo in questa stanza[6] in sei: quattro agenti, io... un tenente dei carabinieri.[7]

MATTO Ah, sí, quello che poi hanno promosso capitano.[8]

COMMISSARIO Sí, lui.

MATTO E che si faceva?

COMMISSARIO Lo si interrogava.

MATTO Ancora? «Dov'eri, cosa facevi? Parla! Non fare il furbo...»[9] Accidenti, dopo tante ore, immagino, sarete stati un po' tutti sconvolti... su di nervi... esasperati.

COMMISSARIO Nient'affatto, signor giudice, eravamo calmissimi.

MATTO Non l'avete manco scozzonato un pochino? Manco uno schiaffone manrovescio?[10]

COMMISSARIO No.

MATTO Di piatto?

COMMISSARIO Nemmeno.

MATTO Di taglio?!

COMMISSARIO Di taglio?

MATTO Sí, come quando si fanno i massaggi alle donne grasse per la cellalite... ta-ta-ta! (*Mima velocissimo con le mani a coltello*) Ah, fa un bene cara-tè! ta![11]

COMMISSARIO Ma no, signor giudice... neanche il massaggio. Noi lo si stava interrogando scherzosamente...

MATTO Ma va, «scherzosamente»?

COMMISSARIO Gliel'assicuro... domandi alla guardia... (*e sospinge l'agente verso il giudice*).

MATTO Non ce n'è bisogno; è incredibile. (*Mostra un foglio*) Ma c'è anche sulla deposizione fatta davanti al giudice archiviatore.

COMMISSARIO Certo, e lui non l'ha messo minimamente in dubbio.

MATTO Ah, ma ci credo anch'io... ma in che senso «scherzosamente»?

COMMISSARIO Nel senso che si scherzava... lo si interrogava cercando di riderci sopra.

MATTO Non capisco; giocavate allo schiaffo del soldato?[12] Vi mettevate delle maschere, suonavate trombette?

COMMISSARIO Beh, non proprio fino a quel punto... Ma insomma la si buttava sul ridere,[13] si faceva il verso agli indiziati... qualche calembour... qualche lazzo.

AGENTE   Sí, sí, si rideva moltissimo. Sa, il commissario, non pare, ma è un burlone... vedesse quando è in vena che interrogatori spassosi che fa... ah ah ah che ridere!

MATTO   Adesso capisco perché da Roma hanno deciso di cambiarvi il motto.

QUESTORE   Il motto della polizia?

MATTO   Sí, il vostro, l'hanno deciso al ministero.

QUESTORE   Ce lo cambiano?

MATTO   Beh, diciamo piuttosto che ve lo completano... come fa adesso?

COMMISSARIO   La polizia è al servizio del cittadino.

MATTO   Ecco, e d'ora in poi sarà «la polizia è al servizio del cittadino per divertirlo!»

QUESTORE   Ah, ah, ma lei ci sta prendendo in giro.

MATTO   Nient'affatto, io sono piú che convinto che voi trattiate gli indiziati scherzosamente come asserite... io mi ricordo, ero a Bergamo, dovrei dire San Francisco[14] ma c'è la trasposizione, ero a Bergamo durante gli interrogatori a quella cosiddetta «banda del lunedí»[15] – vi ricordate, c'erano di mezzo pure un prete, un medico, il farmacista... quasi tutto un paese incriminato, che poi risultò innocente. Ebbene abitavo in un alberghetto proprio vicino alla questura dove si svolgevano gli interrogatori e quasi tutte le notti ero svegliato da urla e lamenti[16] che in un primo tempo credevo di gente pestata, bastonata... ma poi ho capito che si trattava di risate. Sí, risate un po' sguaiate degli interrogati: «Ah ah, oh mamma! Basta, ah ah! Aiuto, non ce la faccio piú! Commissario basta che mi fa morire dal ridere!»

QUESTORE   Ironia a parte, lei sa che, appresso, dal comandante all'ultimo appuntato... furono tutti condannati!? quelli!

MATTO   Certo, per eccesso di comicità! (*I poliziotti fanno smorfie di insofferenza*). No, no, non sto scherzando: voi non ve ne siete ancora resi conto di quanti, non colpevoli, inventino gabole[17] pur di riuscire a farsi portare in questura! Voi li credete anarchici, comunisti, potere operaio, sindacalisti... no, in verità si tratta solo di poveri ammalati depressi, ipocondriaci, malinconici, che si son camuffati da rivoluzionari pur di essere interrogati da voi… e farsi finalmente quattro belle risate sane! Farsi un po' di buon sangue, insomma!

QUESTORE   Io direi che lei ora, signor giudice, piú che prenderci in giro, ci sta addirittura sfottendo!

MATTO   Per carità, non me lo permetterei mai…

COMMISSARIO   Eppure glielo giuro che quella sera, con l'anarchico, noi si scherzava!

AGENTE   Sí, sí… si scherzava, glielo giuro anch'io.

MATTO   Zitto tu, solo i superiori possono giurare! (*Il questore toglie di mezzo l'agente, bruscamente*). E va bene, ammettiamolo. E su chi… su che cosa si scherzava?

COMMISSARIO   Piú che altro sull'anarchico ballerino.

MATTO   Ah, sul fatto che oltretutto era zoppo…[18] L'anarchico ballerino zoppo… Ah, ah.

COMMISSARIO   Sí, anche su quello…

MATTO   E avrete fatto pure qualche malignità sul particolare che, essendo ballerino, e che come mestiere infilava perline colorate per farne paralumi liberty…[19] magari, chi sa, può darsi fosse un po' liberty anche lui?!

AGENTE   Ah ah, l'anarchico liberty!!

QUESTORE   Zitto!

COMMISSARIO   No, veramente non abbiamo caricato a 'sto punto.[20]

MATTO   Su, su, non facciamo troppo i modesti. Ad ogni modo il fatto certo è che voi facevate dell'ironia un po' pesante sul suo amico ballerino, e che lui, il ferroviere s'è offeso! È cosí?

COMMISSARIO   Beh, immagino sia successo proprio cosí.

MATTO   S'è alzato in piedi di scatto!!

COMMISSARIO   Sí, si è alzato di scatto…

MATTO   … e si è messo a gridare: «Basta! Non permetto certe insinuazioni, il mio amico è ballerino, d'accordo, infila perline, è zoppo… ma è maschio, per dio!»[21] E cosí dicendo è saltato sul davanzale, ha accennato ad un pas de deux,[22] e s'è buttato!

COMMISSARIO   Sí, press'a poco dev'essere andata cosí… però non lo posso giurare: gliel'ho detto che ero appena uscito.

AGENTE   Ma io c'ero. Se volete posso giurare io![23]

MATTO   No, zitto, tu!

QUESTORE   Però, che permaloso 'st'anarchico, buttarsi dalla finestra solo perché gli sfottono l'amico!

MATTO Ah, ma è perché gli si è toccato un punto delicato: gli anarchici ci tengono moltissimo alla virilità! Piú di tutti! Non ha mai letto *Sesso e anarchia* di Otto Weininger?[24] No? È un classico.

QUESTORE Ma, offendersi per un amico con il quale poi non era piú manco in buoni rapporti... Sue dichiarazioni testuali, non si dimentichi: gli aveva tirato perfino la saliera?[25]

MATTO E già! Bravo che me l'ha ricordato! Quindi non poteva essere indispettito, seccato!

QUESTORE Eh, no!

MATTO Ecco lí il machiavello...[26] allora ha finto!

COMMISSARIO Ha finto?

MATTO Ma certo: il furbacchione ha recitato tutta la commedia dell'offeso a morte per avere un pretesto logico al suicidio... logico per voi, ma assurdo per gli altri!

QUESTORE In che senso: per gli altri?

MATTO Ma non avete capito? Ha fatto il kamikaze per rovinarvi![27] Lui si butta! voi ingenui riferite i fatti cosí come sono avvenuti... alla stampa e alla televisione... e nessuno vi crede, salvo l'amato consigliere archiviatore,[28] naturalmente... che fra l'altro sentite qui cosa scrive nel suo decreto: «il raptus è stato causato, da "orgoglio ferito"!» E chi la beve? Sembra troppo una balla!

QUESTORE Certo, certo, sembra quasi uno scherzo.

MATTO E cosí, voi vi ritrovate perduti dalla vostra stessa sincerità... e lui, l'anarchico maligno, è là nella sua tomba che sghignazza!

AGENTE Che disgraziato! E dire che pareva un tipo cosí da fidarsi... brava persona![29]

QUESTORE Zitto! (*L'agente si zittisce rientrando in sé come una lumaca nel guscio*). Lei non si offenderà, signor giudice, se le dirò che questa sua versione del ferroviere kamikaze... non mi convince granché.

COMMISSARIO Anch'io avrei qualche riserva...

MATTO A me invece non convince proprio per niente! Neanche in un giallo televisivo l'accetterebbero! È che cercavo di salvare la vostra, di versione, che frana ancora peggio!

QUESTORE (*strofinandosi le spalle*) Per favore, le spiace se faccio chiudere la finestra? È venuto giú un freddo tutto d'un colpo...

MATTO Prego, prego... certo, fa freddo davvero!

COMMISSARIO Dipende dal fatto che è appena andato giú il sole.

L'agente, ad un gesto del commissario, è andato a chiudere.

MATTO Già, ma allora, quella sera, il sole non è andato giú.

COMMISSARIO Come?

MATTO Dicevo, quella sera che l'anarchico s'è buttato, il sole è rimasto su, non c'è stato il tramonto?

I tre poliziotti si guardano attoniti.

QUESTORE Non capisco.

Il matto finge seccarsi.

MATTO Dico, se pur essendo di dicembre, la finestra, a mezzanotte, era ancora spalancata, vuol dire che non faceva freddo... e se non faceva freddo, era solo perché il sole non era ancora tramontato... tramontava· piú tardi: all'una, come in Norvegia di luglio.

QUESTORE Ma no, l'avevano appena aperta... per far cambiare l'aria della stanza, vero?

COMMISSARIO Sí, c'era molto fumo.

AGENTE Sa, l'anarchico fumava molto!

MATTO E avevate aperto i vetri, e pure le imposte?

COMMISSARIO Sí, anche le imposte.

MATTO Di dicembre? A mezzanotte con il termometro che scende sotto zero, la nebbia che ti ingessa...?[30] «Via, via, aria! Ma che ci frega della polmonite!» Avevate almeno il cappotto?

COMMISSARIO No, eravamo in giacchetta.

MATTO Che sportivi!

COMMISSARIO Ma non faceva affatto freddo, gliel'assicuro!

QUESTORE No, non faceva freddo...

MATTO Ah sí? Quella sera il servizio metereologico ha dato per tutta l'Italia temperature da far barbellare un orso bianco,[31] e loro non avevano freddo, anzi… «primavera!» Ma che cosa avete: un monsone africano personale che passa di qui ogni notte, o è la «corrente del golfo» che vien su per il «tombone di san Marco»,[32] e vi passa sotto casa con le fogne?!

COMMISSARIO   Scusi signor giudice, ma non capisco; poco fa ha asserito di essere qui apposta per aiutarci, e invece non fa che mettere in dubbio ogni nostra testimonianza, sfotterci, mortificarci…

MATTO   D'accordo, forse io esagero, forse metterò troppo in dubbio,… ma qui pare d'essere davanti a uno di quei giochi per deficienti e ritardati che si leggono sulla settimana enigmistica:[33] «trovare i trentasette errori e contraddizioni in cui è caduto il commissario Baciocchi Stupidoni».

E come posso aiutarvi? (*I poliziotti si siedono muti, sconsolati*). Va bene, va bene… non fate quelle facce da funerale… Su con la vita! Vi prometto che da 'sto momento non vi sfotterò piú: Massima serietà! Lasciamo correre l'antefatto…

QUESTORE   Si, lasciamo correre.

MATTO   … e veniamo al fatto vero e proprio: al salto.

COMMISSARIO   D'accordo.

MATTO   Il nostro anarchico, preso da raptus, vedremo poi di ritrovare insieme una causa un po' piú credibile a questo folle gesto… si alza di scatto, prende la rincorsa… Un momento, chi gli ha fatto il «predellino»?

COMMISSARIO   Come: il «predellino»?

MATTO   Insomma, chi di voi si è messo accanto alla finestra con le dita intrecciate all'altezza del ventre: cosí. Per fargli appoggiare il piede… e: zam! Un colpo che gli fa sorpassare il parapetto al volo!

COMMISSARIO   Ma che dice, signor giudice, vuole che noi…?[34]

MATTO   No, per carità, non scaldatevi… io domandavo cosí… pensavo che, essendo piuttosto altino come salto, con cosí poca rincorsa, senza aiuto dall'esterno… io non vorrei che qualcuno potesse mettere in dubbio…

COMMISSARIO   Non c'è nulla da mettere in dubbio signor giudice, gliel'assicuro… ha fatto tutto da solo!…

MATTO   Non c'era manco una predella di quelle da competizione?

COMMISSARIO   No...

MATTO   Il saltatore portava forse scarpe con tacchetti elastici alla Brumel![35]

COMMISSARIO   No, nessun tacchetto...

MATTO   Bene, cosí, abbiamo: da una parte un uomo alto sí e no 1,60, solo, senza aiuto, privo di scale... dall'altra una mezza dozzina di poliziotti, che pur trovandosi a pochi metri, anzi uno addirittura presso la finestra,[36] non fanno in tempo ad intervenire...

COMMISSARIO   Ma è stato cosí all improvviso...

AGENTE   E lei non ha idea di come fosse agile quel demonio... io ho fatto appena in tempo ad afferrarlo per un piede.

MATTO   Oh! Vedete, vedete che la mia tecnica della provocazione funziona: lei l'ha afferrato per un piede!

AGENTE   Sí, ma mi è rimasta in mano la scarpa, e lui è andato di sotto lo stesso.

MATTO   Non ha importanza. Importante è che sia rimasta la scarpa. La scarpa è la prova inconfutabile della vostra volontà di salvarlo!

COMMISSARIO   Certo, è inconfutabile!

QUESTORE (*alla guardia*)   Bravo!

AGENTE   La ringrazio signor quest...

QUESTORE   Zitto!

MATTO   Un momento... ma qui, qualcosa non quadra. (*Mostra un foglio ai poliziotti*) Il suicida aveva tre scarpe?

QUESTORE   Come, tre scarpe?

MATTO   E sí, una sarebbe rimasta tra le mani del poliziotto... L'ha testimoniato lui stesso qualche giorno dopo il fattaccio... (*Mostra il foglio*) Ecco qui.

COMMISSARIO   Sí, è vero... L'ha raccontato ad un cronista del «Corriere della Sera».[37]

MATTO   Ma qui, in quest'altro allegato, si assicura che l'anarchico morente sul selciato del cortile, aveva ancora ai piedi tutte e due le scarpe. Ne dànno testimonianza gli accorsi, fra i quali un cronista dell'«Unità»,[38] ed altri giornalisti di passaggio!

COMMISSARIO   Non capisco come possa essere successo...

MATTO   Neanch'io! A meno che quest'agente velocissimo abbia fatto in tempo, precipitandosi per le scale, a raggiungere un pianerottolo del secondo piano, affacciarsi alla finestra prima che passasse il suicida, infilargli la scarpa al volo e risalire come un razzo al quarto piano nell'istante stesso in cui il precipitante raggiungeva il suolo.

QUESTORE Ecco, vede, vede, riprende a fare dell'ironia!

MATTO Ha ragione, è piú forte di me... mi scusi. Dunque, tre scarpe... Scusate, non vi ricordate se per caso fosse tripede?

QUESTORE Chi?

MATTO Il ferroviere suicida... se per caso aveva tre piedi, è logico portasse tre scarpe.

QUESTORE (*seccato*) No, non era tripede!

MATTO Non si secchi, la prego... a parte che da un anarchico ci si può aspettare questo ed altro!

AGENTE Questo è vero!

QUESTORE Zitto!

COMMISSARIO Che guaio, per la miseria... bisogna trovare una ragione plausibile, se no...

MATTO L'ho trovata io!

QUESTORE Sentiamo.

MATTO Eccola: Senz'altro una delle scarpe gli era un po' grande, e allora, non avendo un sottopiede a portata di mano, ha infilato un'altra scarpa piú stretta, prima di infilare quella larga.

COMMISSARIO Due scarpe nello stesso piede?

MATTO Sí, che c'è di strano?... come con le calosce, vi ricordate? Quelle soprascarpe di gomma che si portavano una volta...

QUESTORE Appunto, una volta.

MATTO Ma c'è chi le porta ancora... anzi, sapete che vi dico? che quella che è rimasta fra le mani dell'agente non era una scarpa, ma una caloscia.

COMMISSARIO Ma no, è impossibile: un anarchico con le calosce! ... roba da gente all'antica... da conservatori...

MATTO Gli anarchici sono molto conservatori...

QUESTORE Già, ed è per questo che ammazzano i re!

MATTO Certo, per poterli conservare imbalsamati... Se uno aspetta che i re muoiano vecchi, incartapecoriti, consunti dalle malattie, poi si disfano, si decompongono, non si riesce piú a conservarli... Invece cosí, ammazzati di fresco...

91

COMMISSARIO   La prego signor giudice, su certi argomenti, non mi va proprio…

QUESTORE   Non accetto neanch'io…

MATTO   Oh tu guarda, io vi credevo nostalgici, ma non della monarchia…[39] Ad ogni modo, se non vi vanno né le calosce, né la storia delle tre scarpe…

Squilla il telefono, tutti si arrestano, il commissario afferra la cornetta.

COMMISSARIO   Scusate… Sí dimmi… un momento… (Al questore) È il piantone, dice che giú alla porta c'è una giornalista che chiede di lei, signor questore…

QUESTORE   Ah sí… le avevo dato un appuntamento per oggi. È quella dell'«Espresso» o dell'«Europeo», non mi ricordo… chieda se si chiama Feletti.[40]

COMMISSARIO   (parlando al telefono)   Si chiama Feletti? (Al questore) Sí, Maria Feletti.

QUESTORE   Allora è lei… voleva una intervista. La preghi di passare un altro giorno che oggi non ho tempo…

MATTO   Ma neanche per idea: non permetto che a causa mia voi abbiate delle grane.

QUESTORE   In che senso?

MATTO   La conosco quella, è una che conta, ed è capace d'aversela a male… è d'un permaloso!… è capace, per ripicca di farvi uno di quegli articoli… La faccia passare, per carità!

QUESTORE   Ma la sua inchiesta?

MATTO   Può aspettare. Ma non avete ancora capito che io mi trovo nella stessa vostra barca; e gente come quella, bisogna cercare d'averla amica, non contro! Mi dia retta.

QUESTORE   D'accordo. (Rivolto al commissario al telefono) La faccia passare.

COMMISSARIO   Accompagnala su da me. (Abbassa la cornetta).

QUESTORE   E lei che fa, ci lascia?

MATTO   Ma neanche per idea… io non abbandono mai gli amici, specie nel momento del pericolo!

COMMISSARIO e QUESTORE   Resta?

QUESTORE   E in che veste? Vuole che quell'avvoltoio di giornalista venga a scoprire chi è lei, e che cosa è venuto qui a fare? Per poi scriverlo a tutta pagina sul suo giornale? Ma allora lo dica che ci vuol rovinare!

MATTO   Ma no, non vi voglio rovinare... state tranquilli: l'avvoltoio non saprà mai chi io sia veramente.

COMMISSARIO   Ah no?

MATTO   No, di certo, cambierò di personaggio... Per me è un gioco da ragazzi, credetemi: Psichiatra, della sezione criminale, direttore dell'Interpol, dirigente della scientifica, a vostra scelta... Se l'avvoltoio vi dovesse mettere in imbarazzo con qualche domanda vigliacca, voi non fate altro che strizzarmi l'occhio e intervengo io... importante è che non vi compromettiate voi.

QUESTORE   Lei è troppo generoso, signor giudice... (Gli stringe le mani commosso).

MATTO   Non mi chiami piú giudice, per carità. Da questo momento sono il capitano Marcantonio Banzi Piccinni della scientifica...[41] Va bene?

COMMISSARIO   Ma esiste davvero il capitano Banzi Piccinni: sta a Roma...

MATTO   Appunto. Cosí, se la giornalista scriverà qualcosa che non ci piace, sarà facile dimostrare che s'è inventata tutto... chiamando a testimoniare da Roma il vero capitano Piccinni.

COMMISSARIO   Ma lei è un genio! Se la sente proprio di recitare la parte di capitano?

MATTO   Non si preoccupi, durante l'ultima guerra ero cappellano dei bersaglieri.[42]

QUESTORE   Silenzio, è qui. (Entra la giornalista). Avanti signorina, s'accomodi.

GIORNALISTA   Buon giorno, il signor questore per favore?

QUESTORE   Sono io, piacere signorina. Noi ci conosciamo solo per telefono... Purtroppo.

GIORNALISTA   Piacere. L'agente giú alla porta mi faceva qualche difficoltà...

QUESTORE   Ha ragione, la prego di perdonare, la colpa è mia che ho dimenticato di preavvertire al suo arrivo. Le presento i miei collaboratori: l'appuntato Pisani, il commissario dirigente di questo ufficio…

GIORNALISTA   Molto piacere.

COMMISSARIO   Il piacere è mio… signorina (*stringe la mano con piglio militaresco*).

GIORNALISTA   Accidenti che stretta!

COMMISSARIO   Mi scusi…

QUESTORE (*indica il matto che sta armeggiando di spalle*)   … e per finire capitano… capitano?!

MATTO   Eccomi… (*Appare con baffi finti, una pezza nera sull'occhio, e una mano coperta da un guanto marrone. Il questore resta attonito e non sa continuare. Il matto si presenta da solo*) Capitano Marcantonio Banzi Piccinni della scientifica. Mi perdoni la mano rigida, ma è di legno, è un ricordo della campagna d'Algeri,[43] ex paracadutista della legione straniera… ma s'accomodi, signorina.

QUESTORE   Desidera bere qualcosa?

GIORNALISTA   No, grazie… Preferirei, se non vi spiace, cominciare subito… Scusatemi ma avrei un po' di fretta. Purtroppo dovrei consegnare l'articolo per stasera… va in macchina stanotte.

QUESTORE   Va bene, come crede, cominciamo senz'altro, noi siamo pronti.

GIORNALISTA   Avrei parecchie domande da fare. (*Ha estratto un block notes sul quale legge*) La prima è proprio rivolta a lei, commissario, e perdoni s'è un po' provocatoria… Se non vi spiace adopero il registratore… A meno che abbiate qualcosa in contrario… (*Estrae un registratore dalla borsa*).

COMMISSARIO   Beh, veramente… noi…

MATTO   Ma per carità, faccia pure… (*Al commissario*) Prima regola: mai contraddire.

COMMISSARIO   Ma se ci scappa qualcosa… se vogliamo smentire, quella ha le prove…

GIORNALISTA   Scusino, signori, c'è qualcosa che non va?

MATTO (*tempista*)   No, no, tutt'altro… il Commissario mi stava tessendo le sue lodi, dice che lei è una donna di grande coraggio… democratica convinta, amante della verità e della giustizia… costi quello che costi!

94

GIORNALISTA Il dottore è troppo generoso…

COMMISSARIO Dica pure.

GIORNALISTA Perché la chiamano finestra-cavalcioni?[44]

COMMISSARIO Finestra-cavalcioni? A me?

GIORNALISTA Sí, o anche «commissario cavalcioni».

COMMISSARIO E chi mi chiamerebbe cosí?

GIORNALISTA Ho qui la fotocopia della lettera di un giovane anarchico inviata dal carcere di San Vittore[45] nel quale il ragazzo si trovava imprigionato proprio nei giorni della morte del nostro anarchico e che parla proprio di lei, commissario… e di questa stanza.

COMMISSARIO Ah sí, e che dice?

GIORNALISTA (*leggendo*) Il commissario del quarto piano mi ha schiaffato a sedere sulla finestra le gambe penzoloni, e poi ha cominciato a provocarmi: «buttati» e mi insultava… «perché non ti butti… non ne hai il coraggio, eh? E falla finita!: cosa aspetti?» Vi assicuro che ho dovuto stringere i denti per non soccombere per non lasciarmi andare…

MATTO Ottimo, pare la sceneggiatura di un film di Hitchcok.[46]

GIORNALISTA La prego capitano… è al dirigente di questo ufficio che ho posto la domanda, non a lei… cos'ha da rispondermi? (*e avvicina il microfono alla bocca del commissario*).

MATTO (*all'orecchio del commissario*) Calma e indifferenza!

COMMISSARIO Non ho niente da rispondere… piuttosto è lei che mi deve rispondere: in tutta sincerità: pensa che io abbia messo a cavalcioni anche il ferroviere?[47]

MATTO Zitto, non ci cascare. (*Canticchia*) L'avvoltoio vola via… vola via dalla casa mia…

GIORNALISTA Sbaglio o lei capitano sta facendo opera di disturbo?

MATTO Nient'affatto… commentavo soltanto. E se mi permette, io chiedo a lei, signorina Feletti, se ci ha presi per dei propagandatori di detersivi… dal momento che ci vuol vedere ad ogni costo intenti a fare la prova finestra con ogni anarchico che ci capiti sottomano!

GIORNALISTA Non c'è che dire, lei è molto abile capitano.

COMMISSARIO Grazie… m'ha tolto da un bell'impiccio… (*Gli batte la mano sulla spalla*).

MATTO   Piano con 'ste manate dottore... ci ho l'occhio di vetro!! (*Indica la pezza nera*).

COMMISSARIO   L'occhio di vetro?

MATTO   E vada piano anche a stringermi la mano, è posticcia.

GIORNALISTA   Sempre a proposito di finestre, fra gli incartamenti del decreto depositato dal giudice archiviatore,[48] manca la perizia delle parabole di caduta.[49]

QUESTORE   Parabole di caduta?

GIORNALISTA   Sí, la parabola di caduta del presunto suicida.

QUESTORE   E a che serve?

GIORNALISTA   Serve a stabilire se, al momento dell'uscita in volo dalla finestra l'anarchico fosse ancora completamente in vita o meno. Se sia uscito cioè dandosi un minimo slancio oppure se sia cascato inanimato, come infatti risulta, scivolando lungo la parete... se si sia prodotte fratture o lesioni sulle braccia o sulle mani, come infatti non risulta, cioè a dire che il presunto suicida non ha portato le mani in avanti a proteggersi nel momento dell'impatto sul terreno: gesto normale e assolutamente istintivo...

COMMISSARIO   Sí, ma non dimentichi che qui ci troviamo di fronte a un suicida... a uno che si butta perché vuol morire!

MATTO   Ah, non vuol dire. Qui devo dare purtroppo ragione alla signorina... Come vede io sono obiettivo. Si sono fatti fior di esperimenti in merito: si sono presi dei suicidi, li si sono buttati di sotto, e si è notato che tutti, istintivamente, al momento buono... trach... con le mani in avanti!

QUESTORE   Ah, bell'appoggio che ci dà... ma è matto?

MATTO   Sí, chi gliel'ha detto?

GIORNALISTA   Ma il particolare piú sconcertante, del quale gradirei spiegazione, è la mancanza, sempre fra il materiale del decreto di archiviazione,[50] del nastro apposito sul quale è stata registrata l'ora esatta della chiamata telefonica dell'autolettiga...[51] Chiamata effettuata dal centralino della questura, e che, anche secondo la testimonianza del lettighiere della croce bianca, sarebbe avvenuta alle dodici meno due minuti.

Mentre tutti i cronisti, che sono accorsi sul piazzale, hanno dichiarato che il salto è avvenuto alle dodici e tre minuti esatti...

96

In poche parole, l'autolettiga è stata chiamata cinque minuti prima che l'anarchico volasse dalla finestra. Qualcuno di voi, mi può spiegare questo curioso anticipo?

MATTO   Beh, a noi succede spesso di chiamare le autolettighe, cosí, preventivamente... perché non si sa mai... e qualche volta, come vede, ci azzecchiamo.

COMMISSARIO (*gli molla una manata sulla spalla*)   Bravo!

MATTO   Attento all'occhio... va a finire che mi schizza!

QUESTORE   D'altra parte, non capisco di che cosa lei ci voglia accusare. È forse reato essere previdenti? Appena, tre minuti d'anticipo... andiamo, nella polizia l'anticipo è tutto!

COMMISSARIO   E poi io sono piú che convinto che la colpa sia da imputarsi agli orologi. Quei cronisti avranno avuto gli orologi indietro... cioè, avanti...

QUESTORE   O forse sarà stato in ritardo l'orologio marcatempo del centralino telefonico che ha registrato la nostra telefonata...

AGENTE   Certo, piú che probabile...

GIORNALISTA   Strana ecatombe di orologi!

MATTO   Perché strana? Mica siamo in Svizzera qua... Ognuno, qui da noi, il suo orologio lo mette sull'ora che gli pare... uno preferisce essere in anticipo, un altro in ritardo... siamo in un paese di artisti, di individualisti tremendi, ribelli alle consuetudini...

COMMISSARIO   Bravo, formidabile! (*Gli sferra una manata, si sente il ticchettio di una biglia che saltella sul pavimento*).

MATTO   Ha visto?! Che le dicevo... m'ha fatto schizzare l'occhio di vetro!

COMMISSARIO (*buttandosi gattoni a cercarlo*)   Mi scusi... glielo ritroviamo subito...

MATTO   Meno male che ho la pezza che l'ha trattenuto, se no chissà dove finiva... mi scusi signorina, di cosa si stava parlando?

GIORNALISTA   Del fatto che siamo un paese di artisti ribelli alle consuetudini... Eh, le do ragione: specie i giudici archiviatori sono ribelli: tralasciano di raccogliere le testimonianze dirette, i nastri con le registrazioni degli orari, le perizie di caduta, di chiedersi il perché di un'autolettiga chiamata in anticipo... tutte quisquilie! Comprese le ecchimosi al bulbo del collo del morto:[52] delle quali non sono affatto chiare le cause.

QUESTORE Attenta, signorina: le consiglio di non parlare a vanvera... è pericoloso...

GIORNALISTA È una minaccia?

MATTO No, no, signor questore... la signorina non credo parli a vanvera...

Certamente vuole alludere ad una versione dei fatti che ho già sentito raccontare in piú di una occasione... e che stranamente è sortita proprio dagli ambienti di questo palazzo.

QUESTORE Di che si tratterebbe?

MATTO Si mormora[53] che durante l'ultimo interrogatorio all'anarchico, uno dei presenti, giusto qualche minuto prima di mezzanotte, si sarebbe spazientito e avrebbe sferrato un gran colpo con la mano sul collo dell'anarchico suddetto... stia calmo dottore... costui sarebbe rimasto semiparalizzato. Per di piú rantolava, non riusciva a respirare. Allora si sarebbe chiamata l'autoambulanza. Nel frattempo, nel tentativo di rianimarlo, avrebbero spalancato la finestra; e, portato l'anarchico al davanzale facendolo sporgere un po', cosí che l'aria piuttosto fresca della notte potesse scuoterlo!... Si dice fossero in due a sorreggerlo... e come succede spesso in questi casi, ciascuno fidava nell'altro... lo tengo io? lo tieni tu? Patapom, è andato di sotto...

Il commissario avanza imbestialito, slitta sulla biglia di vetro... e rovina al suolo.

GIORNALISTA Esatto, proprio cosí.

QUESTORE Ma è impazzito?

MATTO Sí, sedici volte, questore.

COMMISSARIO Per dio! ma su cosa sono slittato?!

MATTO Sul mio occhio di vetro... ecco su che cosa! Guarda come me l'ha sporcato! Appuntato, le spiace procurarmi un bicchier d'acqua per lavarlo?

L'appuntato esce.

98

GIORNALISTA   Dovete ammettere che con questa versione si chiarirebbero un sacco di misteri: il perché della chiamata in anticipo dell'autolettiga, il perché della caduta a corpo inanimato… e perfino il perché del curioso termine usato dal Pubblico Ministero nelle sue argomentazioni conclusive.[54]

MATTO   Che termine? Cerchi di essere piú chiara, che ho già il mal di testa per conto mio!

GIORNALISTA   Il Pubblico Ministero ha dichiarato, per iscritto, che la morte dell'anarchico è da ritenersi: «morte accidentale». Notabene, accidente, non suicidio, come avete detto voi. E c'è una bella differenza fra i due termini. D'altra parte il dramma, cosí come l'ha esposto il capitano, volendo, si potrebbe definire proprio un «accidente».

Nel frattempo è arrivato l'appuntato, consegna il bicchiere al matto che, tutto preso dal racconto della donna, ingoia la biglia di vetro come fosse un cachet.

MATTO   Per dio! l'occhio! accidenti: ho mandato giú l'occhio… e beh, speriamo mi faccia passare almeno il mal di testa.

QUESTORE   (all'orecchio del finto capitano)   Ma a che gioco sta giocando, ora?

COMMISSARIO (alternandosi col questore)   Non le sembra di averle dato un po' troppa corda a quell'avvoltoio?[55] Adesso è sicura d'averci incastrato.

MATTO   Lasciatemi fare per favore. (Alla giornalista) Ebbene io le dimostrerò, signorina, che quest'ultima versione è completamente inattendibile.

GIORNALISTA   Già, inattendibile: inattendibile come, per il giudice che ha archiviato il caso, sono inattendibili le testimonianze dei pensionati.

MATTO   Cos'è 'sta storia dei pensionati inattendibili?

GIORNALISTA   È strano che lei non ne sia al corrente! Nel decreto d'archiviazione[56] il giudice suddetto[57] ha dichiarato inattendibili le testimonianze dei tre avventori citati dal nostro anarchico, che asserivano d'aver trascorso quel tragico pomeriggio delle bombe in un'osteria del naviglio a giocare a carte con lui.

MATTO   Testimonianze inattendibili?... e perché?

GIORNALISTA   Perché, dice sempre il giudice archiviatore: «si tratta di persone anziane malferme[58] in salute, per di piú invalidi».

MATTO   E l'ha scritto pure nel decreto?

GIORNALISTA   Sí.

MATTO   Beh, come dargli torto? Come si può obiettivamente pretendere che un pensionato di una certa età, per di piú invalido di guerra o del lavoro, a scelta, ex operaio, si noti bene: ex operaio, possa trovarsi in possesso delle minime qualità psicofisiche richieste dal delicato ufficio della testimonianza?

GIORNALISTA   Perché un ex operaio non può? mi spieghi.

MATTO   Ma lei signorina, dove vive? Invece di andare a farsi i servizi in Messico, Cambogia, Vietnam, perché non si fa una volta Marghera, Piombino, Sesto San Giovanni, Rho?[59] Ma ha idea lei di che cosa sia un operaio? quando arrivano alla pensione, e dalle ultime statistiche ci arrivano sempre in meno, quando ci arrivano, sono ormai strizzati come limoni, delle larve, con riflessi ridotti al minimo... allo straccio!

GIORNALISTA   Mi pare che ne stia facendo un quadro un po' troppo disperato.

MATTO   Ah, sí... e allora vada a dare un'occhiata in qualche osteria dove i pensionati giocano a scopa, e li sentirà: si insultano, si rinfacciano a piè sospinto, l'un l'altro, di non ricordarsi piú le carte dello spariglio: «Disgraziato il settebello l'avevo già giocato io». «Ma no, tu l'hai giocato la mano prima, non adesso». «Ma quale mano prima, se questa è la prima partita che giochiamo quest'oggi... sei proprio rincretinito». «No, rincretinito sei tu, se mai, che dovevi tenerti il sette come tallone...[60] e invece lo sei andato a giocare sul tavolo dei nostri vicini». «Ma che tallone, il tallone stavolta era nientemeno che il re! Sei proprio svanito!» «Svanito a me? ma con chi credi di parlare?» «Non lo so. E tu?» «Neanch'io?»

GIORNALISTA   Ah, ah, esagerato. Beh, ma a parte il piacere del grottesco... La colpa è da imputarsi a loro forse, se son cosí malridotti?

MATTO   No, senz'altro, la colpa è della società! Ma noi mica siamo qui per fare il processo al capitalismo e ai padroni, siamo qui per discutere di testimoni piú o meno attendibili! Se uno è malridotto perché l'hanno sfruttato troppo o perché gli è arrivato un accidente in fabbrica, a noi come gente di ordine e di giustizia non deve interessare.

QUESTORE   Bravo capitano!

MATTO   Non hai i mezzi per procurarti vitamine, proteine, zuccheri, grassi e calciofosfati per la memoria?... ebbene peggio per te, io come giudice ti dico di no... mi spiace ma sei fuori gioco, sei un cittadino di seconda classe.

GIORNALISTA   Ah, vede, vede, lo sapevo che, gira e rigira[61] sarebbe saltato fuori il classismo, il discorso sui privilegi di classe!

MATTO   E chi ha mai sostenuto il contrario? sí, lo ammetto, è vero, la nostra è una società divisa in classi... anche per quanto riguarda i testimoni: ci sono testimoni di prima, seconda, terza e quarta categoria. Non è mai questione d'età... puoi anche essere vecchio piú di Noè e rimbambito piú di Giosuè...[62] ma dal momento che vieni fuori adesso adesso dall'aver fatto la sauna, doccia calda e fredda, massaggio frizione lampada al quarzo,[63] camicia di seta, foulard, Mercedes a sei posti con autista... voglio vedere se il giudice non ti dichiara subito attendibile. Per me, ti bacia anche la mano:[64] «altamente attendibile extra!», Ptu! Infatti per il processo della diga del Vajont[65] – nome di fantasia completamente inventato –, gli ingegneri accusati, quei pochi che si sono fatti beccare[66] ché gli altri si son dati subito latitanti avvertiti chissà da chi!... quei cinque o sei ingegneri dicevo che, per guadagnarsi qualche miliardo in piú, hanno fatto fuori annegati una cosa come duemila cittadini in una notte, quelli, con tutto che fossero anche piú anziani dei nostri pensionati del Naviglio, quando hanno deposto davanti al giudice non sono stati affatto ritenuti inattendibili; anzi: gli si è data la massima fiducia! E che, scherziamo per dio! uno si fa la laurea per che cosa? allora per che cosa si diventa azionista privilegiato? per essere trattato alla stregua di un pensionato morto di fame? E poi si dice che in Italia non si ha piú fiducia nella lira. C'è chi racconta che prima della deposizione degli azionisti suddetti, il cancelliere non abbia nemmeno imposto la recitazione ad alta voce della classica formula: «Giuro di dire la verità, tutta la verità, ecc. ecc.». Pare abbia detto solo: «Si accomodi ingegnere capo direttore delle costruzioni idrauliche Sade,[67] e anche lei, ingegnere progettista nonché consulente ministeriale, ambedue azionisti della Sade suddetta con capitale di 160 miliardi, capitale iniziale interamente versato, accomodatevi, noi vi ascoltiamo e vi crediamo». Poi, solennemente, i giudici si sono levati in piedi, e con la mano destra ben in evidenza sul Vangelo, tutti in coro hanno declamato: «Giuriamo che state per dire la verità, tutta la verità, nient'altro che la verità. Lo giuriamo!»

Il matto-capitano esce da dietro la scrivania e scopriamo che ha una gamba di legno tipo pirata. Tutti lo guardano esterefatti. Il capitano commenta imperturbabile:

MATTO   Vietnam, berretti verdi…[68] brutto ricordo! Ma non parliamone piú, roba passata!

Si apre la porta, si affaccia il commissario Bertozzo. Ha l'occhio bendato.

BERTOZZO   Scusate, disturbo?

QUESTORE   Venga, venga dottor Bertozzo… Si accomodi.

BERTOZZO   Dovrei solo deporre questa. (*Mostra una cassetta in metallo*).

QUESTORE   Di che si tratta?

BERTOZZO   È il facsimile della bomba esplosa alla banca…[69]

GIORNALISTA   Oh, mio dio!

BERTOZZO   Non si preoccupi, signorina, è disinnescata.

QUESTORE   Ecco allora da bravo… l'appoggi pure lí… e stenda la mano al suo collega… anche lei commissario… venga qua e fate la pace.

BERTOZZO   Ma pace di che, signor questore… sapessi almeno perché se l'è presa con me da gonfiarmi l'occhio…

Il questore gli dà di gomito.

COMMISSARIO   Ah, non lo sai eh? E il pernacchio?

BERTOZZO   Che pernacchio…?

QUESTORE   Basta insomma… ci sono degli estranei…

MATTO   Appunto…

BERTOZZO   Ma questore, io vorrei solo capire che gli è preso… è entrato e senza dirmi manco buonasera… pom!

MATTO   Beh, almeno «buonasera» poteva dirglielo. Qui ha ragione, andiamo!

BERTOZZO   Ecco, vede… Scusi, ma lei… mi pare un viso familiare.

MATTO   Sarà per la pezza che abbiamo ambedue sull'occhio.

CORO (*risata*)   Ah, ah!

BERTOZZO   No, no, scherzi a parte…

MATTO   Permette, sono il capitano Marcantonio Banzi Piccinni… della scientifica.

BERTOZZO   Piccinni? Ma no… non è possibile… io lo conosco il capitano Piccinni…

QUESTORE (*gli sferra un calcetto*)   No, lei non lo conosce.

BERTOZZO   Non lo conosco?… Ma vuol scherzare?…

COMMISSARIO   No, che non lo conosci. (*Calcetto*).

BERTOZZO   Senti, non ricominciare tu…

QUESTORE   Lasci correre… (*Calcetto*).

BERTOZZO   Ma era mio compagno di corso… (*Riceve un calcetto anche dal capitano*).

MATTO   Ma se le dicono di lasciar correre! (*e gli dà anche uno scappellotto*).

BERTOZZO   Ehi, ma dico!

MATTO (*indicando il commissario*)   È stato lui.

Il questore lo trascina da una parte verso la giornalista.

QUESTORE   Se permette, commissario, vorrei presentarle la signorina… dopo le spiego… la signorina Feletti, giornalista. Ha capito adesso? (*Gomitata*).

BERTOZZO   Piacere, commissario Bertozzo… No, non ho capito. (*Calcetto del questore, calcetto del capitano, che ci sta prendendo gusto, e dà un calcio anche al questore. Nello stesso tempo molla una pacca per uno sulla nuca di Bertozzo e al commissario, contemporaneamente. Bertozzo, convinto sia stato il commissario sportivo)* Vede, vede signor questore, è lui che incomincia sempre!...

Per finire il matto dà una pacca sul sedere della giornalista e poi indica il questore.

GIORNALISTA Ma dico! le sembra il modo?

QUESTORE *(che pensa voglia alludere al battibecco)* Ha ragione, ma non so come spiegarmelo... Bertozzo, la smetta e mi ascolti! La signorina è qui per una intervista molto importante, capito? *(Calcetto, gli strizza l'occhio).*

BERTOZZO Ho capito.

QUESTORE Ecco signorina, se vuol fare qualche domanda anche a lui... il commissario è oltretutto un ottimo esperto in balistica ed esplosivi.

GIORNALISTA Oh sí, mi tolga una curiosità... diceva che in quella cassetta c'è il facsimile della bomba della banca.

BERTOZZO Beh, facsimile molto approssimativo, essendo andati perduti tutti gli ordigni originali. Lei mi capisce...

GIORNALISTA Ma una di bomba però se n'era salvata, inesplosa...

BERTOZZO Si, quella della Banca Commerciale...

GIORNALISTA E mi spiega perché invece di disinnescarla e di consegnarla alla scientifica come di regola, in modo che la si esaminasse a fondo, i ritrovatori sono subito corsi in cortile, l'hanno seppellita e fatta scoppiare?[70]

BERTOZZO Perché me lo chiede, scusi?

GIORNALISTA Lei lo sa meglio di me il perché, commissario... in quel modo, oltre la bomba, è andata distrutta anche la firma degli assassini...

MATTO È vero: infatti si dice: «dimmi come fabbrichi una bomba e ti dirò chi sei».

BERTOZZO *(scuotendo la testa)* Eh no, ma quello non è il Piccinni.

Il matto ha afferrato la cassetta della bomba.

QUESTORE Ma certo che non lo è! Stia zitto!

BERTOZZO   Ah, mi pareva bene. E chi è? (*Riceve un ennesimo calcetto*).

MATTO   Se il commissario Bertozzo mi permette, in qualità di dirigente della scientifica...

BERTOZZO   Ma a chi la dài a bere?[71] Che fa?... lasci quella cassetta per favore... è pericoloso!

MATTO (*gli sferra un calcetto*)   Sono della scientifica... si faccia in là.

QUESTORE   Ma davvero se ne intende?

Il matto lo guarda con disprezzo.

MATTO   Vede signorina, una bomba del genere è talmente complessa... guardi la quantità di fili, due detonatori... il congegno a tempo... il trampeln d'innesco,[72] leve, levette... è talmente complessa dicevo, che ci si può benissimo nascondere un doppio congegno a scoppio ritardato senza che nessuno possa trovarlo, a meno di non smontare tutta la bomba pezzo per pezzo, e ci vorrebbe una intera giornata, mi creda... e intanto bumm!

QUESTORE (*al Bertozzo*)   Pare un tecnico davvero, che ne dice?

BERTOZZO (*testardo*)   Sí, ma non è il Piccinni...

MATTO   Ecco perché si è preferito perdere la firma degli assassini come lei diceva... e fare scoppiare la bomba in un cortile, piuttosto che rischiare di vederla esplodere in mezzo alla gente con relativo massacro piú orribile del primo... Convinta?

GIORNALISTA   Sí, stavolta m'ha proprio convinta.

MATTO   Sono riuscito a convincere anche me.

COMMISSARIO   Anch'io sono rimasto convinto. Bravo: è stata un'ottima pensata. (*Gli afferra la mano e gliela stringe con forza, la mano di legno gli resta fra le dita*).

MATTO   Ecco, me l'ha staccata. Gliel'avevo detto che era di legno!

COMMISSARIO   Mi scusi.

MATTO   Adesso non le resta che la gamba da staccarmi (*cosí dicendo si riavvita la mano*).

QUESTORE (*al Bertozzo*)   Dica qualcosa anche lei, Bertozzo, faccia vedere che anche nella nostra sezione non si dorme (*e gli appioppa un colpetto d'incoraggiamento sulla spalla*).

BERTOZZO   Certo. La vera bomba era piuttosto complessa. Io l'ho vista. Molto piú complessa di questa. Opera senz'altro di tecnici di alta scuola… professionisti, come si dice.[73]

QUESTORE   Ci vada piano!

GIORNALISTA   Professionisti? Militari forse?

BERTOZZO   È piú che probabile. (*Tutti e tre insieme gli affibbiano calcetti*).

QUESTORE   Disgraziato…

BERTOZZO   Ahia! Perché, cos'ho detto?

GIORNALISTA (*ha finito di prendere nota*)   Bene, bene, cosí voi, pur essendo a conoscenza del fatto che per fabbricare, oltre che per maneggiare, bombe del genere bisognasse possedere perizia ed esperienza da professionisti, preferibilmente militari, ciononostante, dicevo, vi siete buttati alla disperata su un unico gruppetto sparuto di anarchici, lasciando perdere completamente tutte le altre piste… ed è inutile vi stia a specificare di che colore e parte!

MATTO   Certo, se lei sta alla versione del Bertozzo, che però non può far testo… perché lui non è un vero tecnico d'esplosivi… se ne interessa cosí, per hobby!

BERTOZZO (*offeso*)   Ma che hobby? come, non me ne intendo?… ma cosa ne sa lei?… Chi è lei? (*Rivolto ai due poliziotti*) Chi è… me lo volete dire? (*Altri calci che lo costringono a sedere*).

QUESTORE   Buono…

COMMISSARIO   Calmati…

GIORNALISTA   Si calmi commissario… stia tranquillo; io sono sicura che tutto quello che ha detto è vero, cosí come è vero che tutta la polizia e la magistratura si è buttata ad incriminare, mi si passi l'espressione, la piú folle e patetica combriccola di scombinati che si possa immaginare:[74] il gruppo di anarchici che faceva capo al ballerino!

QUESTORE   Ha ragione, erano scombinati, ma questa era la facciata che si erano fabbricati apposta per non dare nell'occhio.

GIORNALISTA   Infatti, dietro la facciata, cosa si scopre? Che su dieci della banda, due erano addirittura dei vostri: due confidenti o meglio, spie e provocatori. Uno è un fascista romano,[75] noto a tutti meno che al gruppo dei nostri sprovveduti, l'altro un vostro agente di pubblica sicurezza[76] truccato da anarchico anche lui.

MATTO   Sí, per quanto riguarda l'agente truccato da anarchico, non capisco come abbiano potuto credergli; lo conosco, è un'aquila[77] che se gli domandi che cos'è Bakunin[78] ti risponde che è un formaggio svizzero, senza buchi!

BERTOZZO   Che rabbia mi fa quello che sa tutto, conosce tutti... Eppure io lo conosco!

QUESTORE   Non sono assolutamente d'accordo con lei capitano: Quel nostro agente-spia, è un ottimo elemento invece! Preparatissimo!

GIORNALISTA   E ne avete molti altri di questi agenti-spia preparatissimi seminati qua e là nei vari gruppetti extraparlamentari?

MATTO (*canta*)   « L'avvoltoio vola via...»

QUESTORE   Non ho nessuna difficoltà a svelarle che sí, ne abbiamo molti, un po' dappertutto!

GIORNALISTA   Oeh, oeu, adesso sta bleffando[79] signor questore!

QUESTORE   Nient'affatto... anche questa sera fra il pubblico, le dirò... ne abbiamo qualcuno, come sempre... vuol vedere? (*Batte un colpo secco con le mani*).

Dalla platea si sentono delle voci provenienti da punti diversi.[80]

VOCI   Dica dottore! Comandi! Agli ordini!

Il matto ride e si rivolge al pubblico.

MATTO   Non preoccupatevi, questi sono attori... quelli veri ci sono e stanno zitti e seduti.

QUESTORE   Ha visto? Comodi, comodi! I confidenti e le spie sono le nostre forze.

COMMISSARIO   Servono a prevenire, tenere sotto controllo...

MATTO   Provocare attentati per poi avere il pretesto di reprimere... (*I poliziotti si voltano di scatto*). Ho voluto prevenire la battuta piú che ovvia della signorina.

GIORNALISTA   Certo, piú che ovvia! Ad ogni modo come mai, pur avendo completamente sotto controllo ogni componente di quel gruppetto di pellegrini,[81] costoro sarebbero riusciti a organizzare un colpo cosí complesso, senza che voi interveniste a bloccarli?[82]

MATTO Attenzione che adesso l'avvoltoio fa la picchiata!

QUESTORE Il fatto è che in quei giorni il nostro agente spia era assente dal gruppo...[83]

MATTO È vero, ha anche portato la giustificazione firmata dai genitori (è vero)!

COMMISSARIO La prego... (Sotto tono) Signor giudice...

GIORNALISTA Ma l'altro confidente, il fascista?[84] Quello c'era, no?... tant'è vero che il giudice di Roma lo ritiene il responsabile principale, organizzatore e mandante, che si sarebbe avvalso, è sempre il giudice che parla, della dabbenaggine di quegli anarchici per far loro compiere un attentato di cui non sospettavano certamente la criminale entità. Sono sempre parole e convinzioni del giudice s'intende.

MATTO Bumpete...[85] È arrivato l'avvoltoio!

QUESTORE Tanto per cominciare, le dirò che quel fascista di cui lei parla non è affatto un nostro confidente.

GIORNALISTA Come mai, allora, bazzicava cosí spesso in questura, specialmente alla sezione politica di Roma?

QUESTORE Se lo dice lei... A me non risulta.[86]

MATTO (porgendo la mano al questore) Bravo, ottima parata!

Il questore gli stringe la mano di legno e gli resta fra le dita.

QUESTORE Grazie!... ma, la sua mano... mi dispiace!

MATTO (indifferente) La tenga pure, ne ho un'altra! (Ne estrae una seconda da donna).

COMMISSARIO Ma è da donna!

MATTO No, è unisex (e se la riavvita).

GIORNALISTA (che nel frattempo ha estratto da una cartelletta alcuni fogli) Ah, non le risulta? E non le risulta nemmeno che su 173 attentati dinamitardi[87] avvenuti fino ad oggi: dodici al mese, uno ogni tre giorni, su 173 attentati dicevo (sta leggendo su di un documento) ben 102 si è scoperto essere stati certamente organizzati da fascisti, e che, per piú della metà dei rimanenti 71 ci sono seri indizi che si tratti ancora di attentati messi in piedi da fascisti o comunque da organizzazioni parallele?

MATTO (*gesticolando con la mano a ventaglio sotto il mento*) Tremenda!

QUESTORE Sí, piú o meno le cifre dovrebbero essere probanti... Che ne dice, dottore?

COMMISSARIO Dovrei verificare, ma grossomodo mi pare coincidano con le nostre.

GIORNALISTA Ecco, se le capita, cerchi un po' di verificare anche quanti di questi attentati sono stati organizzati con l'intento di far cadere il sospetto e la responsabilità su gruppi dell'estrema sinistra.

COMMISSARIO Beh, quasi tutti... è ovvio.

GIORNALISTA Già, è ovvio... E quante volte voi ci siete cascati? Piú o meno ingenuamente?

MATTO (*sempre girando la mano la donna intorno al viso*) Cattiva!

QUESTORE Se è per quello, ci sono cascati anche parecchi sindacalisti e qualche dirigente del PCI,[88] piú o meno ingenuamente... Guardi, ho qui un articolo dell'«Unità»,[89] che li accusa di «sinistrismo velleitario e avventuristico»... per un atto vandalico di cui poi si è scoperto che quei sovversivi accusati non avevano alcuna colpa.

GIORNALISTA Lo conosco, è stato un giornale della destra a metterle in giro, quelle notizie... col solito slogan: «scontro di opposti estremismi», che funziona sempre. Anche per voi!

MATTO Vipera!

BERTOZZO Eppure io quello lo conosco,[90] adesso gli strappo la benda!

MATTO (*intervenendo ironico*) Ma cosa si aspetta, signorina, con queste sue palesi provocazioni? Che le si risponda ammettendo che qualora noi della polizia, invece di perderci dietro a quei quattro anarchici strapellati ci si fosse preoccupati di seguire seriamente altre piste piú attendibili, tipo organizzazioni paramilitari e fasciste finanziate dagli industriali, dirette e appoggiate da militari greci e circonvicini, forse si sarebbe venuti a capo della matassa?[91]

QUESTORE (*al Bertozzo che smania*) Non si preoccupi… adesso gli volta tutta la frittata d'un colpo.[92] È la sua tecnica, la conosco ormai! dialettica gesuita!

MATTO Se pensa a questo le dirò che sí… lei ha ragione… Se si fosse andati per quest'altra strada se ne sarebbero scoperte delle belle![93] Ah Ah!

BERTOZZO Ammazza la dialettica gesuita!

QUESTORE Ma è diventato matto?

BERTOZZO (*illuminandosi*) Matto? (*Scatta*) Il matto… ecco chi è!! È lui!

GIORNALISTA Certo che queste affermazioni ascoltate da un poliziotto… le assicuro… sono sconcertanti!

BERTOZZO (*tirando per la manica il questore*) Signor Questore, ho scoperto chi è quello, lo conosco.

QUESTORE Beh, se lo tenga per lei, e non lo vada a raccontare in giro. (*Pianta in asso il Bertozzo e raggiunge il matto e la giornalista*).

BERTOZZO (*prende in disparte il commissario sportivo*) Ti giuro che lo conosco quello… Non è mai stato della polizia. S'è travestito.

COMMISSARIO Lo so, non mi dici niente di nuovo. Ma non farti sentire dalla giornalista.

BERTOZZO Ma è un maniaco… non capisci?

COMMISSARIO Sei tu un maniaco, che non mi fai capire niente di quel che dicono, stai zitto!

MATTO (*che nel frattempo ha conversato animatamente coi due, continuando nel discorso*) Certo, lei è giornalista e in uno scandalo del genere ci sguazzerebbe a meraviglia… avrebbe solo un po' di disagio nello scoprire che quel massacro di innocenti alla banca era servito unicamente per affossare le lotte dell'autunno caldo… creare la tensione adatta a far sí che i cittadini disgustati, indignati da tanta criminalità sovversiva, fossero loro stessi a chiedere l'avvento dello stato forte!

COMMISSARIO Non ricordo se questo l'ho letto sull'«Unità» o su «Lotta Continua».[94]

BERTOZZO (*si avvicina alle spalle del matto e gli strappa la benda*) Ecco qua! avete visto, ce l'ha l'occhio, ce l'ha!

QUESTORE Ma dico, è impazzito? Certo che ce l'ha! E perché non dovrebbe averlo?

110

BERTOZZO   E allora, perché portava la benda, se ce l'ha l'occhio?

COMMISSARIO   Ma anche tu ce l'hai l'occhio sotto la benda... e nessuno te la strappa!

(*Lo tira in disparte*) Stai buono dopo ti spiego.

GIORNALISTA   Oh, che divertente, portava una benda per sfizio?

MATTO   No, era per non dare nell'occhio. (*Ride*).

GIORNALISTA   Ah, ah... buona... Ma vada avanti, mi parli un po' dello scandalo che ne sarebbe uscito.

MATTO   Ah, sí... un grande scandalo... molti arresti nella destra, qualche processo... un sacco di pezzi grossi compromessi... senatori, deputati, colonnelli... I socialdemocratici che piangono, il corriere della sera[95] cambia direttore... Ia sinistra chiede di mettere fuori legge i fascisti... si vedrà... il capo della polizia viene elogiato per l'operazione coraggiosa... Dopo un po' viene mandato in pensione.

QUESTORE   No, capitano... queste sono sue illazioni... me lo lasci dire... un po' gratuite...

GIORNALISTA   Questa volta sono d'accordo con lei signor questore... Io credo che uno scandalo del genere servirebbe a dar prestigio alla polizia. Il cittadino avrebbe la sensazione di vivere in uno stato migliore, con una giustizia un po' meno ingiusta...

MATTO   Ma certo... e sarebbe piú che sufficiente! Il popolo chiede una giustizia vera? e noi invece facciamo che s'accontenti di una un po' meno ingiusta. I lavoratori gridano basta con la vergogna dello sfruttamento bestiale e noi procureremo che diventi un po' meno bestiale e ci preoccuperemo soprattutto che non se ne vergognino piú; ma che rimangano sempre sfruttati... vorrebbero non piú crepare in fabbrica e noi metteremo qualche protezione in piú, qualche premio in piú per la vedova. Vorrebbero veder eliminate le classi... e noi faremo che non ci sia piú questa gran differenza o meglio che non dia cosí tanto nell'occhio!

Loro vorrebbero la rivoluzione... E noi gli daremo le riforme...[96] tante riforme... li annegheremo nelle riforme. O meglio li annegheremo nelle promesse di riforme, perché neanche quelle gli daremo mai!!

COMMISSARIO   Sa chi mi fa venire in mente? Quel Marrone... quel giudice che è sotto processo per vilipendio della magistratura.[97]

QUESTORE   No, no... questo è peggio, questo è tutto matto!

BERTOZZO   Ma certo che lo è... è un'ora che glielo sto dicendo!

MATTO   Vede, al cittadino medio non interessa che le porcherie scompaiano... no, a lui basta che vengano denunciate, scoppi lo scandalo e che se ne possa parlare... Per lui quella è la vera libertà e il migliore dei mondi, alleluia!

BERTOZZO   (*afferrando la gamba di legno del matto e scuotendola*)   Ma guardate qua la gamba... non vedete che è finta?

MATTO   Certo che lo è... di noce per l'esattezza.

QUESTORE   L'abbiamo capito tutti.

BERTOZZO   Ma è tutto un trucco, è legata al ginocchio! (*e s'appresta a slacciare i cinturini*).

COMMISSARIO   Incosciente... mollalo! Me lo vuoi smontare?[98]

MATTO   No lasci fare... mi slacci pure... la ringrazio... già mi stava prendendo il formicolio per tutta la coscia.

GIORNALISTA   Ma insomma, perché me lo interrompete sempre? Cosa credete di riuscire a farmelo apparire indegno per il solo fatto che non ha la gamba di legno?

BERTOZZO   No, è per dimostrarle che è un millantatore, un «ipocritomaniaco»[99] che non è mai stato né mutilato né capitano...

GIORNALISTA   E chi è allora?

BERTOZZO   È semplicemente...

Accorrono il questore, l'agente e il commissario e gli tappano la bocca trascinandolo via.

QUESTORE   Scusi signorina, ma lo vogliono al telefono.

Lo piazzano seduto alla scrivania e gli appioppano la cornetta del telefono contro la bocca.

COMMISSARIO   (*parlandogli all'orecchio*)   Ci vuoi rovinare, incosciente?

Sul lato destro la giornalista e il capitano continuano a conversare senza badare al gruppo dei poliziotti.

QUESTORE   Non capisce che deve rimanere segreto? Se la signorina viene a scoprire della controinchiesta,[100] siamo rovinati!

BERTOZZO   Che controinchiesta? (*Gli viene riportata la cornetta alla bocca*) Pronto?

COMMISSARIO   E me lo domandi? Ma allora cosa sbroffavi di sapere tutto, che non sai niente?[101] Chiacchieri, chiacchieri, fai casino...[102]

BERTOZZO   No, io non faccio casino... io voglio sapere...?

QUESTORE   Zitto. (*Lo colpisce con la cornetta su di una mano*) Telefoni e basta!

BERTOZZO   Ahia... pronto chi parla?

GIORNALISTA (*che nel frattempo ha sempre chiacchierato con il finto capitano*)   Oh, che divertente! Signor questore, non si deve più preoccupare, il capitano... cioè l'ex capitano, m'ha detto tutto!

QUESTORE   Cosa le ha detto?

GIORNALISTA   Chi è veramente!

COMMISSARIO e QUESTORE   Gliel'ha detto?

MATTO   Sí, non potevo piú continuare a mentire... ormai... l'aveva intuito da sé.

QUESTORE   Ma le ha fatto almeno promettere di non scriverlo sul giornale?

GIORNALISTA   Ma certo che lo scriverò! (*Legge fra gli appunti*) Eccolo: «Negli uffici della polizia, ho incontrato un vescovo in borghese!»

COMMISSARIO e QUESTORE   Un vescovo?

MATTO   Sí, scusate se ve l'ho tenuto nascosto (*e con molta naturalezza si gira il colletto che appare tondo, classico dei religiosi, con la pettorina nera*).

BERTOZZO (*dandosi una pacca sulla fronte*)   Pure il vescovo, adesso! Non gli crederete per caso?

Il commissario afferra un grosso timbro e glielo infila in bocca.

COMMISSARIO   E ci hai scocciato davvero!

Il matto ha estratto una papalina rossa e se l'è piazzata sulla nuca, con movimenti austeri e studiati, si è slacciato il bottone della giacca cosí da scoprire una croce barocca d'oro e argento fabbricazione rancati,[103] quindi, s'è infilato un anellone con pietra viola enorme.

MATTO Permettete che mi presenti: padre Augusto Bernier, incaricato della Santa Sede come osservatore di collegamento presso la polizia italiana[104] (*ha offerto l'anello da baciare all'agente che subito è accorso goloso*).

BERTOZZO (*venendo in avanti ed estraendo per un attimo il succhiotto*) Collegamento con la polizia?

MATTO Dopo il lancio di pietre a cui è stato fatto segno il santissimo padre, sia in Sardegna che ultimamente a Castel Gandolfo, lei mi capisce, è nostro dovere, quali legati responsabili della chiesa, di prevenire... avere contatti...

BERTOZZO Eh, no! Eh, no! Questa è troppo grossa: pure il vescovo poliziotto adesso!

Il commissario gli rimette in bocca il succhiotto e lo trascina in disparte.

COMMISSARIO Ma lo sappiamo anche noi che è tutta una balla!... però lui s'è fatto vescovo apposta per salvarci... capisci?!

BERTOZZO Per salvarci? T'è presa la crisi mistica? L'anima da salvare?

COMMISSARIO Piantala e bacia l'anello! (*e lo costringe ad avvicinare la bocca alla mano del matto che, nel frattempo, con noncuranza, senza imporlo, è riuscito a costringere tutti a compiere l'atto di sottomissione*).

BERTOZZO No, per dio! L'anello, no! Mi rifiuto! Ma mi sembrate tutti pazzi! Vi ha contagiati!

Rapidissimi il commissario e l'agente hanno approntato larghi cerotti che gli vengono applicati senza tante storie sulla bocca, al punto da coprirgli mezza faccia, dal naso in giú.

114

GIORNALISTA   Ma che gli è preso, poverino?

MATTO   Una crisi... credo. (*Estrae da dentro un breviario una siringa e si appresta a fargli una iniezione*) Tenetelo, questa gli farà certamente bene... è un calmante benedettino.[105]

QUESTORE   Benedettino?

MATTO   Sí, arquebuse in fiala![106] (*Con rapidità da cobra gli effettua l'iniezione, poi, estratta la siringa, la osserva*) N'è rimasto ancora un po'... ne gradisce anche lei? (*Senza attendere risposta lo siringa con l'agilità d'un banderillero*).[107]

Lamento soffocato del questore.

GIORNALISTA   Lei non ci crederà eminenza, ma quando, poco fa, ha declamato, a proposito degli scandali: «è sempre il migliore dei modi... alleluia!» ho subito commentato... mi perdoni l'irriverenza...

MATTO   Prego, prego...

GIORNALISTA   Ho esclamato: «Oeu, ma che discorso da prete!» Non s'è offeso, vero?

MATTO   E perché dovrei offendermi? È vero, ho fatto davvero un discorso da prete, quale sono. (*Il Bertozzo ha scritto con un pennarello sul rovescio del ritratto del «presidente» «È un mitomane, un matto» e lo mostra rimanendo alle spalle del vescovo*). D'altronde, san Gregorio Magno,[108] quando, appena eletto pontefice, scoprí che si cercava, con intrallazzi e maneggi vari, di coprire gravi scandali, incollerito, si mise a urlare la famosa frase: «Nolimus aut velimus, omnibus gentibus, justitiam et veritatem...»[109]

GIORNALISTA   La prego eminenza... sono stata bocciata tre volte in latino...

MATTO   Ha ragione, in poche parole, disse: «Lo si voglia o non lo si voglia, giustizia e verità io impongo, farò l'impossibile perché gli scandali esplodano nel modo piú clamoroso; e non temiate che, nel loro marcio, venga sommersa ogni autorità. Ben venga lo scandalo, ché, su di esso, si fonda il potere piú duraturo dello stato!»

GIORNALISTA   Straordinario!... Le spiace scrivermelo per intiero... qui?

Il matto si accinge a stendere la frase evidentemente adattata di san Gregorio sul taccuino della giornalista. Nel frattempo, il commissario ha tolto dalle mani del collega il cartone con il ritratto del presidente e l'ha strappato.

QUESTORE (*aggredendolo*)   Ma che ha fatto? Ha stracciato il ritratto del presidente? Ma non sa che è reato?[110] Cosa le è preso?

COMMISSARIO   Ma dottore, quello scrive certe cose…! (*Indica il Bertozzo*).

QUESTORE   Posso essere anche d'accordo con lei su una certa sua mania di scrivere messaggi melodrammatici[111] al popolo… ma non era proprio il caso di arrivare a far scempio del suo ritratto… Si vergogni!

Alle spalle del vescovo la giornalista ha seguito e considerato attentamente il significato della frase di san Gregorio.

GIORNALISTA   In poche parole, salta fuori che lo scandalo, anche quando non c'è, bisognerebbe inventarlo, perché è un mezzo straordinario per mantenere il potere scaricando le coscienze degli oppressi.

MATTO   Certo: la catarsi liberatoria d'ogni tensione…[112] E voi giornalisti indipendenti ne siete i sacerdoti benemeriti.

GIORNALISTA   Benemeriti? Beh, non certo per il nostro governo che smania e corre come un matto a tamponare ogni volta che noi si scopre uno scandalo.

MATTO   Smania, appunto, il nostro di governo… che è ancora borbonico…[113] precapitalista… ma guardi invece quelli evoluti… tipo nord Europa?! Lei si ricorda dello scandalo «Profumo» in Inghilterra?[114] Il ministro della guerra coinvolto in un giro di prostitute, droga, spionaggio…!!! Crollò forse lo stato? la borsa?
Nient'affatto, anzi, borsa e stato non furono mai cosí forti come dopo quello scandalo. La gente pensava: «Sí, il marcio c'è, però viene a galla…» Noi ci nuotiamo in mezzo e lo beviamo pure, ma nessuno ci viene a raccontare che è tè al limone! E questo è quel che conta!

QUESTORE   Ma no! Sarebbe come dire che lo scandalo è il concime della socialdemocrazia!

MATTO   Giusto! L'ha detto! Lo scandalo è il concime della socialdemocrazia! Dirò di piú: lo scandalo è il miglior antidoto al peggior veleno, che è la presa di coscienza del popolo:[115] se il popolo prende coscienza siamo fregati! Infatti l'America, che è un paese veramente socialdemocratico, ha mai messo censure per quello che riguarda le stragi fatte dagli americani in Vietnam? Anzi: su tutti i quotidiani sono venute fuori fotografie di donne sgozzate, bambini massacrati, villaggi distrutti. Vi ricorderete anche lo scandalo del gas nervino? Il gas fabbricato in America in tale quantità da distruggere per tre volte l'intera umanità. Forse che anche per questo fatto è stata messa censura? Neanche per sogno! Anzi! Accendevi la televisione e vedevi file di trenini: «Dove vanno questi trenini? Al mare! E cosa c'è sopra questi trenini? Gas nervino! Vengono scaricati a poche miglia dalla costa!» Cosicché se viene un piccolo terremoto o un maremoto le casse si rompono, il gas nervino glu, glu, viene a galla e moriamo tutti. Per tre volte di seguito.

Non si è messa mai censura per questi scandali.

Ma è giusto! Cosí la gente ha la possibilità di indignarsi, orripilarsi: ma che razza di governo è? Generali schifosi! Assassini! E s'indigna, s'indigna e burp! Il ruttino liberatore. E badate bene: questo sistema è accettato non solo dagli sfruttatori, ma anche dagli sfruttati. Infatti vi ricorderete della manifestazione degli edili a New York:[116] migliaia di lavoratori scesi in piazza armati di bastoni e caschi, pronti a dare una lezione a quegli sporchi sovversivi bianchi e di colore che vanno in giro con i cartelli «GUERRA ALLA GUERRA» e «ABBASSO LO SFRUTTAMENTO DELL'UOMO SULL'UOMO», che minacciano di abbattere lo stato dei loro padroni. È meraviglioso! Gli sfruttati che difendono gli sfruttatori!

COMMISSARIO SPORTIVO   Ma cos'è? Il Vangelo secondo Ciu En-lai?[117]

GIORNALISTA   Mi scusi: a proposito della libertà di parola in America, dove me lo mette, lei, l'assassinio di ben centocinquanta capi di movimenti negri, avvenuto negli ultimi due anni?

MATTO   Ma io ho parlato di «libertà di ruttino», non di «libertà di parola»! E c'è una bella differenza, sa? Intanto, quei capi di movimento negri di cui parla lei giocavano fuori gioco! Quelli andavano in giro a dire:[118] «Fratelli, compagni, se vogliamo davvero vedere "l'uomo nuovo", se vogliamo davvero avere qualche speranza in una società migliore, dobbiamo distruggere alla base questo sistema! Dobbiamo abbattere lo stato capitalista!» Ma siamo matti? In questo caso, è ovvio, partono due poliziotti in divisa, con i bottoni belli lustri, la rivoltella in mostra, arrivano in casa del propagandatore suddetto, «Bum Bum».[119] «Chi è?» « Buongiorno, scusi, è lei che va in giro con i cartelli "ABBASSO LA GUERRA", "LO SFRUTTAMENTO DELL'UOMO SULL'UOMO?"» «Sí, sono io». «Piacere. Bum Bum». E chi si è visto, s'è visto.[120] E guardi che il capo della polizia non si nasconde, non dice, come certi miei amici: «Ma io non c'ero, è stato il mio collaboratore». Nient'affatto! Si assume tutta la responsabilità!: «Sí, sono stato io a dare l'ordine: poiché questi sono i nemici della patria, della nostra grande, gloriosa nazione!»

BERTOZZO   Su le mani...[121] spalle contro il muro o sparo!

COMMISSARIO   Ma dico Bertozzo: sei impazzito!?

BERTOZZO   Su le mani ho detto... Anche lei signor questore... vi avverto che non rispondo piú di me!

GIORNALISTA   Oh mio dio!

QUESTORE   Si calmi Bertozzo!

BERTOZZO   Stia calmo lei signor questore e non si preoccupi... (*Ha estratto dalla scrivania un mazzo di manette, le consegna all'agente e gli impone di ammanettare tutti quanti*) Avanti, appendili uno per uno all'attaccapanni. (*Sul fondo c'è infatti un'asta orizzontale sopraelevata alla quale uno per uno vengono incatenati i presenti: una manetta ad un polso, l'altra agganciata all'asta*). E non mi guardate con quella faccia, fra poco capirete che questo è l'unico mezzo che mi rimaneva per farmi ascoltare.

(*All'agente che è in dubbio se ammanettare anche la giornalista*) Sí, anche la signorina... e anche te. (*Quindi rivolto al matto*) Tu invece adesso mi fai il piacere, caro il mio Fregoli del porcogiuda,[122] di dire ai signori chi sei veramente... o, siccome m'hai scocciato, ti sparo nelle gengive... chiaro? (*I poliziotti e la giornalista vorrebbero accennare ad un certo risentimento per tanta irriverenza*). Zitti... voi!

MATTO   Volentieri, ma temo, che forse, se glielo dico cosí, a voce... non mi crederanno.

BERTOZZO   Eh, che, glielo vorresti cantare, forse?

MATTO   No, ma basterebbe mostrargli i documenti... il libretto clinico psichiatrico... ecc.

BERTOZZO   D'accordo... e dove sono?

MATTO   Lí, in quella borsa.

BERTOZZO   Muoviti, vai a prenderli, e non fare scherzi o t'ammazzo!

Il matto estrae una mezza dozzina di libretti e cartelle.

MATTO   Eccoli (*li porge al Bertozzo*).

BERTOZZO   (*li prende e li distribuisce agli ammanettati, ognuno di loro ha la mano sinistra libera*)   A voi signori... guardare per credere!

QUESTORE   Nooo! Un ex insegnante di disegno!? Mutuato?[123] Affetto da esaltazione paranoica?!
Ma è un matto!

BERTOZZO   (*sospirando*) È un'ora che glielo sto dicendo!

COMMISSARIO   (*leggendo su di un altro libretto*)   Ospedale psichiatrico di Imola, Voghera, Varese, Gorizia, Parma...[124] Li ha girati tutti!

MATTO   Certo, il giro d'Italia[125] dei matti.

GIORNALISTA   Quindici elettrochoc... isolamento per venti giorni... tre crisi vandaliche...

AGENTE   (*leggendo su di un foglio*)   Piromane! Dieci incendi dolosi!

GIORNALISTA   Faccia vedere? Incendiata la biblioteca di Alessandria. Alessandria d'Egitto![126] Già nel II secolo avanti Cristo!

BERTOZZO   Impossibile: dia qua! (*Osserva*) Ma gliel'ha aggiunto lui a mano... non vede? Da Egitto in poi...!

QUESTORE   Pure falsario è... oltre che mistificatore, simulatore... trasformista... (*Al matto che se ne sta seduto con la grande*

119

borsa sulle ginocchia, l'aria assente) Ma io ti sbatto dentro per abuso e appropriazione di cariche sacre e civili!

MATTO (*sornione*) Ztt, Ztt… (*e fa cenni di diniego*).

BERTOZZO Niente da fare, è patentato… so già tutto!

GIORNALISTA Peccato avevo in mente un cosí bell'articolo… e m'ha sfasciato tutto!

COMMISSARIO Ma io sfascio lui… Per favore Bertozzo, liberami da 'sta manetta…

BERTOZZO Bravo, cosí sei rovinato davvero… da noi, dovresti saperlo, i matti sono come le vacche sacre, in India… se li tocchi ti linciano!

QUESTORE 'Sto delinquente, matto criminale… si fa passare per giudice… la controinchiesta… se penso al colpo che m'ha fatto prendere!

MATTO No, quello non è stato un gran colpo, specie se confrontato con quello che arriva adesso!
Guardate qua!? (*Estrae dalla borsa la cassetta che il Bertozzo aveva dimenticato sul tavolo*)
Contate fino a dieci e saltiamo tutti per aria!

BERTOZZO Che hai combinato… non fare il fesso![127]

MATTO Io sono matto, mica fesso… misura le parole Bertozzo… e butta la pistola… o qui infilo il dito nel «Tramptur»[128] – e facciamo prima![129]

GIORNALISTA Mio dio! La prego, signor matto…!

QUESTORE Non ci caschi Bertozzo…[130] è una bomba disinnescata… Come fa a scoppiare?

COMMISSARIO Giusto… non cascarci!

MATTO E allora, Bertozzo, tu che te ne intendi… anche se sei sgrammaticato… guarda se c'è o no… il detonatore… guardalo qua… non lo vedi? È un Longber acustico.[131]

BERTOZZO (*si sente mancare, lascia cadere pistola e chiavi delle manette*) Un Longber acustico? Ma dove l'hai trovato?

Il matto raccatta chiavi e pistola.

MATTO Ce l'avevo io… (*Indica la grande borsa*) Qui dentro io ho tutto! Avevo perfino un registratore sul quale ho registrato tutti

120

i vostri discorsi da quando sono entrato. (*Estrae un magnetofono e lo mostra*) Eccolo!

QUESTORE   E cosa intende farne?

MATTO   Riverso i nastri un centinaio di volte e li spedisco dappertutto: partiti, giornali, ministeri, ah, ah... questa sí che sarà una bomba!

QUESTORE   No, lei non può fare una cosa simile... Lei sa benissimo che quelle nostre dichiarazioni sono state tutte falsate, distorte, dalle sue provocazioni di falso giudice!

MATTO   E chi se ne frega...[132] importante che scoppi lo scandalo... Nolimus aut velimus! E che anche il popolo italiano[133] come quello Americano, Inglese diventi socialdemocratico e moderno e possa finalmente esclamare «siamo nello sterco fino al collo è vero ed è proprio per questo che camminiamo a testa alta!»

Notes to the text

The following abbreviations have been used in the notes:

Cederna = C. Cederna, *Pinelli, una finestra sulla strage*, Milan, 1971

Cumming and Supple = D. Fo, *Accidental Death of an Anarchist*, adapted by A. Cumming and T. Supple, London, 1991

Emery = D. Fo, 'Accidental death of an anarchist', translated by E. Emery, in *Plays: One*, London, 1994

La strage di stato = G. Savelli (ed.), *La strage di stato: controinchiesta*, Rome, 1977 [1970].

Act I

1 **che se ne sta tranquillo**: 'who is sitting there without a care in the world'. Note the use of reflexive for emphasis.

2 **razza di gabole**: 'kind of stories'.

3 **professore già docente**: 'professor formerly teaching at the university of Padua'.

4 **millantato credito**: this crime was defined in the penal code, 1930, Article 346, which is the number it still bears, and is the crime of claiming to have influence with a public servant for fraudalent purposes.

5 **istrionomania**: 'acting mania'. As the accused explains, the word is coined from the Latin word for actors, *histriones*.

6 **Ammazza che carabinata**: 'Christ, what a catch!' (*Carabinata*, literally, is a shot from a carbine, a light rifle, which gave the name to the soldier known as the *carabiniere*.)

7 **magari di piedi con altri due**: 'top to tail with two others in the same bed'.

8 **felici come una pasqua**: 'as happy as a sand boy'.

9 **la parcella salata è il piú efficace dei toccasana**: 'an exorbitant fee is the best cure there is' (Cumming and Supple, p. 4). This is the first of a number of authoritatively assertive statements made by the accused which are near enough to what could be true to unsettle the listener.

10 **come me la conti adesso**: 'how do you get round that one?'

11 **dargli del lei**: i.e. speak to him in the third person singular, to show respect. As English does not have this distinction, the change cannot be registered by direct translation and would need a change of linguistic register and tone in the acting.

12 **articolo 122 del codice penale**: the penal code has no such article, of course, but the language given to the accused is sufficiently authentic to make the *commissario* hesitate; see note 9.

13 **diritto romano, moderno ...**: Roman law which evolved from the twelve tablets of 450 BC to the Justinian code of AD 528–34 is the basis of modern European law (see A note on Italian law and the legal system (pp. 41–3)). Ecclesiastic law now usually refers to the complex of norms evolved by the State to regularise the relationship between Church and State; before 1929 (the date of the Lateran Pact which

regularised the relations between the Church and the post-unification State in Italy) the term referred to the law evolved by the Church and was virtually synonymous with what is now referred to as canon law. Longobard law, the law of the western group of the Germanic peoples that established themselves in Italy from 568 AD was gathered into the *Liber Papiensis* in the second half of the tenth century. *Fridericiano* refers to the law evolved under Frederick II of Svevia, 1194–1250, King of Germany and Sicily and Holy Roman Emperor.

14 **Diamoci pure del tu!**: 'Let's be friends!' Lit. 'let's use the second person singular'. See note 11.

15 **il giudice è il meglio di tutti**: this is one of the points in the play where the accused is given an extended speech which allows Fo's political views to be clearly understood.

16 **Biam**: I have not managed to find an interpretation for this and suggest that Fo has invented it for comic effect.

17 **SA.SIS**: See above.

18 **rinco…**: the accused stops short of saying *rincoglioniti*, a vulgar way of saying 'idiotic'. *Coglione* means 'testicle'. Ed Emery has caught the correction very well in his translation: 'the more ancient and idio… (*He corrects himself*) …syncratic they are' (Emery, p. 131).

19 **tante comparse del fornaretto di Venezia**: Fo is here referring to the Venetian legend of the little baker's boy, the *fornaretto*, who, unjustly accused, confessed under torture to killing a nobleman and was executed. A few days later the real murderer was discovered. After this, magistrates about to pass sentence of death were admonished to remember the poor *fornaretto* (see, for instance, F. M. Crawford, *Gleanings from Venetian History*, vol. II, London, 1905, pp. 65–6). The *comparse* will refer to walk on parts in plays about the subject, e.g. *Il fornarello di Venezia*, by Francesco Dall'Ongaro, presented with great success at the Teatro Carignano in Turin in 1855. (I am grateful to Professor Giulio Lepschy for supplying me with this information.)

20 **tappi della val Gardena**: wine bottle tops specific to the region of the Gardena valley in north-east Italy. They are carved from wood and figure grotesque heads. (Again I am grateful to Professor Giulio Lepschy for this information.)

21 **il giudice di cassazione**: appeal court judge. The *corte di cassazione* is the highest appeal court in Italy, so called because it has the right to cancel (*cassare*) a sentence.

22 **l'articolo 122 bis**: see note 12.

23 **non faccia l'abusivo**: 'l'abusivo' is a person exercising a profession (taxi driver, car park attendant, etc) without authorization. So here the *matto* means: 'You cannot take on my role (the role of being mad) without authorization'.

24 **Non è la mia fermata!**: lit. 'It's not my stop'. The accused is creating a metaphor from the experience of being on an Italian bus: from *spingere* 'to shove', *far scendere* 'to let some one get off' to *fermata* 'stop'.

25 **"decreto di archiviazione di istruttoria"**: this means that the investigating judge has decided that there is no case to answer and has requested that the case be put on file. See A note on Italian law and the legal system (pp. 41–3) and see Introduction (pp. 11–14) for further details about the Pinelli case.

26 **il commissario definestra**: 'Inspector Window-Straddler' (I owe this translation to Emery, p. 177). This reference and the mention of *quarto piano* in the next sentence makes it clear that the character of this *commissario* is an obvious allusion to Commissario Calabresi, the police inspector in Milan assigned to the investigation

of the Piazza Fontana massacre. He was known to other prisoners before the Pinelli incident as *'comm. Finestra'* as the following extract of a letter from a prisoner clarifies. 'Lo abbiamo soprannominato "comm. Finestra" e devo dire, tale nome gli calza a pennello. Ricordo che quando fui interrogato (nello stesso ufficio dove ha trovato la morte il Pinelli), questo cosiddetto commendator Finestra l'ultimo giorno che passai nei suoi uffici – soddisfatto di avermi estorto, insieme con i suoi degni soci, delle false ammissioni grazie a ricatti, violenza, insulti e minacce – mi fece sedere vicino alla finestra aperta (che non ha il parapetto in muratura ma una ringhiera di ferro), e tenendosi a distanza lui ed altri mi provocarono apertamente chiedendomi perché non mi buttassi di sotto. Tutto ciò si ripeté piú volte mettendo a dura prova i miei nervi già scossi dal trattamento subito.' (From a letter published in an anarchist weekly called *Umanità nuova*, quoted in Cederna, p. 31.)

27 **Washington**: in the first version of the play the situation was based on a case in New York in 1921 when an anarchist called Sansedo fell from the fourteenth storey of a police station. Fo here reminds the audience of the 'transposition'(see Introduction, p. 26).

28 **dal giudice che ha archiviato l'inchiesta**: see note 25. The judge who had applied for the *decreto di archiviazione* was the Public Prosecutor, Caizzi.

29 **il capo questore**: 'chief of police'. The *questore* in question, Calabresi's boss, was Marcello Guida.

30 **dieci anni di confino**: ten years' banishment. Exile and banishment have been customary punishments for political undesirables for many centuries in Italy and were a form of punishment particularly in vogue during the Fascist era when banishment was usually to the South of Italy. The *questore*, Marcello Guida, had been in charge of the *confino politico* at Ventotene in 1942.

31 **dirimpettaio del quarto piano mio**: 'You, my dear neighbour (opposite me) on the fourth floor'.

32 **Vibo-Valenzia Calabrese**: a town deep in the South of Italy, in south western Calabria. The allusion is obviously to Luigi Calabresi and his fourth floor office. The *matto* in his assumed role of Pietro Anghiari puts the *commissario* on edge by reporting a rumour that he is to be transferred to a one-storey headquarters in a remote southern town and that to avoid any further possibility of defenestrations, his office is to be in the basement.

33 **la "scivolosa" … la "ginocchia di budino"**: Here the *matto* tries out two walks. Emery translates as 'the palais glide' and 'the wobbly knee' respectively – *budino* literally means 'pudding' (p. 137).

34 **passi brevi veloci altalenando tacco-punta**: 'tiny quick steps rocking from heel to toe'.

35 **penitenziario fascista**: see note 30.

36 **porco boia**: 'bloody hell!'

37 **cos'è sta sbragata?**: 'what's all this excitement?' The *matto* is conscious of the possibility of going out of control and tells himself to get back into character.

38 **l'inchiesta sugli anarchici del gruppo romano … col Ballerino**: a reference to the Ghisolfa group of anarchists in Rome and to Pietro Valpreda, who was a professional dancer.

39 **vetrino**: 'glass bead', lit. 'little piece of glass'. This is a reference to the small yellow-green piece of glass found in the bag which contained the second bomb, the one at the Banca Commerciale Italiana, which did not explode. The little piece of glass was said to resemble those used by Valpreda in the construction of lamp-

shades. Right-wing press saw this bead as the unequivocal proof of Valpreda's guilt; the radical press suspected a 'plant' as the bead was not handed over by the police to the Milanese magistrate until eight days after the event. See also note 19 to Act II.

40 **col maglione girocollo dolcevita**: for those watching the play in 1970, an obvious reference to Luigi Calabresi's style of dress: 'il commissario Luigi Calabresi con uno dei suoi pullover di cashemire chiaro dal collo alto che fanno di lui, se non l'uomo piú elegante, almeno il piú moderno della questura' (Cederna, pp. 10–11).

41 **della politica**: 'Special Branch'.

42 **con la risatina carogna**: 'with a nasty little laugh'.

43 **con giacca sportiva e maglione girocollo**: see note 40.

44 **manco fosse il padreterno**: 'you'd think he was God himself'.

45 **una specie di tic**: at the Baldelli trial, it was noted that Calabresi's demeanour had changed and that he had developed a facial tic. 'No, davanti ai giudici, Calabresi non è piú il prestigioso personaggio di allora. Ha sí il suo pullover a collo alto, sotto il completo rigato gangster, sempre debole il mento, ben curata la basetta, ma ogni tanto nei momenti di tensione un irrefrenabile tic gli fa premere la già risoluta mascella' (Cederna, p. 63).

46 **primo consigliere della corte della cassazione**: 'first judge of the court of appeal'; see note 21 to Act I.

47 **ormai alle corde**: 'by now with his back against the wall'.

48 **ormai nel "pallone"**: 'by now completely confused'.

49 **una mazza di legno da giudice**: 'judge's gavel'.

50 **un codice penale**: 'a copy of the penal code'.

51 **Siccome un corno!**: '"since" be damned!'

52 **pernacchio calabrese**: the *matto* here picks up on the phrase used by the *questore* and continues to play on it by comparing Calabrian 'raspberries' with those from Capua and Sorrento, both towns in the south of Italy. Camilla Cederna's observation that only one of the policemen to give evidence at the Baldelli trial, Carlo Mainardi, spoke with a northern accent may be relevant here (see Cederna, p. 74) but it is more likely that the *matto* is enjoying the word play and using it to unsettle the *questore*.

53 **Eccellenza**: 'Your Honour', a term of respect for the judge's high office.

54 **altra generazione, altra scuola**: this fits the difference in age and approach between Calabresi and Guida. Calabresi was thirty-two at the time of the trial while Guida had served under the Fascist government (see note 30).

55 **al confino**: see note 30.

56 **piuttosto a noi!**: 'Let's get back to business!'

57 **ventotene**: in counting the number of statements, the *matto* says *ventotene* instead of *ventotto*, referring to Guida's period in charge of political undesirables at Ventotene in 1942 (see note 30). This is one of the gags mentioned by Camilla Cederna in her account of the 1970 performances of the play (see Cederna, p. 103).

58 **per essere interrogato circa la sua partecipazione o meno all'operazione dinamitarda**: 'to be questioned as to whether he participated or not in the dynamite operation'.

59 **in primo tempo, signor giudice... poi ...**: Fo highlights from the start of the interrogation of the police the various changes that were made to their recounting of the incident.

60 **raptus**: Latin, meaning 'sudden impulse'. Antonino Amati came to the conclusion that Pinelli's death was a suicide and preceded by a sudden and unpreventable movement towards the window.

125

61 **Bandieu**: In his report defending his view that the case should be shelved (the *decreto di archiviazione*) Amati cited a number of recondite texts of the late twenties and thirties on the various kinds of suicides. As Cederna put it: 'Tutto un susseguirsi di "come nota il De Fleury, cosí aggiunge l'Altavilla e sottolinea anche il Brissaud", tutto uno studio approssimativo che, elencando i vari tipi di persone che hanno tentato il suicidio e rinchiuse nei manicomi, distingue fra suicidio ed idea fissa, suicidio ossessivo e suicidio impulsivo ed automatico. Per decidere che forse Pinelli apparteneva a chi questo atto lo compie "nell'indifferenza sorridente dell'impulsivo." ("Questi deve essere spesso assicurato perfino con collare, per evitare che si morda, mentre non rileva alcuna sofferenza; eppure, lasciato libero, può spaccarsi improvvisamente il cranio o lanciarsi dall'alto, quasi che una furia distruttrice ghermisse od azionasse, alla sua insaputa, i suoi muscoli. Il suo gesto non germina quindi dal delirio, perché è il logico prodotto di un motivo irreale, ma è la espressione di una scarica nervosa motoria, che dissocia il movimento da ogni elemento di coscienza.") Dunque, per chi non lo sapeva né poteva immaginarselo, secondo Amati, il gesto di Pinelli non è germinato dal delirio, ma la furia distruttrice ha ghermito i suoi muscoli.' (Cederna, pp. 48–9).

62 **ma un mio vice, un collaboratore**: Fo is alluding here to the tendency in the various versions of the events of the night of 15 December for superiors to pass the buck .

63 **prendermi per il sedere**: 'to take the piss'. 'Io sono intervenuto solo dopo le 23 ... quando entrai nell'ufficio di Calabresi, dissi al Pinelli: "Lei ci ha preso per il sedere."' (part of Antonino Allegra's evidence as quoted by Cederna, p. 47). Cederna continues: 'gli chiese inoltre quanti fossero a Milano i ferrovieri anarchici, e quando Pinelli rispose che lui era il solo, "sulle basi di una notizia confidenziale", Allegra concluse: "Allora è stato lei a mettere le bombe alla stazione centrale." Sorriso di Pinelli, codicillo di Allegra: "Stia tranquillo ché le porterò le prove" (in base certamente a un'altra soffiata), quindi uscita di Allegra e, chi sa perché, tonfo di Pinelli' (Cederna, p. 47).

64 **Sto parlando dell'attentato del venticinque**: 'I'm referring to the attack on the 25th': that is, bombs placed in the central railway station and at the Milan Trade Fair (*la Fiera Campionaria*) on 25 April 1969.

65 **non fare lo gnorri!**: 'don't play the fool!'

66 **otto mesi fa**: *Morte accidentale di un anarchico* was first presented in Milan in December, 1970, that is about eight months after the April attack. Fo is referring to 'real time' here to increase the immediacy of his play.

67 **che lenze**: *una lenza* is a fishing line, so a metaphor drawn from fishing: Emery translates as 'Shrewd move!' (p. 147); Cumming and Supple as 'Ah, bait' (p. 24). *Lenza* is also a Southern Italian word carrying the meaning of 'crafty fellow'.

68 **al palazzo di giustizia di Roma**: There were three bombs in Rome during the afternoon of 12 December, the same day as the Piazza Fontana bombs in Milan: the first at 16.45 in an underground corridor of the Banca Nazionale del Lavoro between Via Veneto and Via San Basilio, the second at 17.16 on the second terrace of the Altare della Patria, by Via Fori Imperiali; and the third at 17.24 in the same area but this time near the steps of the Ara Coeli (*La strage di stato*, p. 26). Fo may have confused the Banca del Lavoro bomb with the one at the Palazzo di Giustizia.

69 **sorrideva incredulo**: see note 63 to Act I.

70 **la paura di perdere il posto**: Camilla Cederna reports as follows: that the police 'phoned Pinelli's wife, Licia, at home during the period of interrogation, saying

initially that she should 'phone the railway, Pinelli's employers, telling them that he had been held up; then later advising her to say that "Pinelli è fermato... Che è fermato per la strage..." (e la famiglia, com'è logico, sospetta che la seconda telefonata serva per impaurire Pinelli, per ricattarlo sul fronte della perdita del lavoro)' (Cederna, p. 21).

71 **vanno giú di brutto**: 'hit hard'.

72 **gli unici ad andarci con la vaselina**: 'the only ones to soften the blow by using vaselina'.

73 **lo stipendio fisso ... la gratifica ... la tredicesima**: 'fixed salary, special bonus and yearly bonus'; *la tredicesima* is a form of yearly bonus added to a worker's salary, and usually paid at festive seasons. It is a kind of thirteenth monthly payment. The word is feminine because it qualifies *mensilità* (i.e. monthly period of payment).

74 **la mutua**: 'sick pay'. It is the case that some of those who supported Pinelli stressed his law-abiding, family-man qualities. See Introduction, p. 11.

75 **voi abbattete moralmente l'anarchico ... si butta**: in the first version of the account it really did sound as if the sequence of events was as abrupt as the *matto* describes them: see the notes taken by Camilla Cederna at the press conference held by the *questore*, Marcello Guida, during the night of 15/16 December: 'Era fortemente indiziato di concorso in strage ... era un anarchico individualista ... il suo alibi era crollato ... non posso dire altro ... si è visto perduto ... è stato un gesto disperato ... una specie di autoaccusa insomma' (Cederna, p. 12).

76 **compagno ballerino**: see note 38 to Act I.

77 **la prima versione**: the report from the enquiry conducted by Giovanni Caizzi.

78 **evidente atto di accusa**: see note 75 to Act I.

79 **innocente**: on 11 January Calabresi gave an interview to the communist newspaper *L'Unità*: 'Non avevo niente contro di lui, era un bravo ragazzo, l'avremmo rilasciato il giorno dopo' (Cederna, p. 23).

80 **il termine legale**: under Italian law a suspect may be detained for questioning up to forty-eight hours, then must either be released or arrested. 15 December was Pinelli's third day at the Milanese *questura*.

81 **per finire, mazzata con rintocco**: 'and then you finish up with the final *coup de grâce*!'

82 **la fine dell'anarchia**: so Pinelli is meant to have exclaimed when Calabresi announced 'Valpreda ha parlato' (see Cederna, p. 16).

83 **Da incriminare subito per istigazione al suicidio**: to allow a suspect to take his life could be seen as culpable inefficiency on the part of the police, but Fo here suggests that they are guilty of more than this. Their behaviour amounted to *istigazione*, 'incitement', which is a criminal offence.

84 **divulgare notizie false**: the second culpable offence on the part of the police.

85 **è incredibile!**: as indeed it was – most of the policemen were promoted within the year.

86 **creare il clima dell' "ammazza il sovversivo"**: 'create an anti-anarchist climate'.

87 **il padrone aizza i mastini contro i villani ... se i villani si lamentano dal re, il padrone, per farsi perdonare, ammazza i mastini**: 'the boss sets the mastiffs on to the peasants and if they complain to the King, the boss puts things right by killing the mastiffs'. This, as the *matto* admits later, is not an old English saying but another of his plausible but inaccurate statements which successfully destabilise his interlocutors.

88 **"Dàgli allo sbirro!"**: 'Go for the cop!'

89 **gli sfottò**: 'jokes'. In other writings Fo makes an important distinction between *sfottò* and satire. 'Di fatto questa è una forma della comicità che non si può chiamare satira, ma solo sfottò. È una chiave buffonesca molto antica, che viene di lontano, quella di giocherellare con gli attributi esteriori e non toccare mai il problema di fondo di una critica seria che è l'analisi messa in grottesco del comportamento, la valutazione ironica della posizione, dell'ideologia del personaggio ... Nella storia del teatro si ritrova sempre questo conflitto in cui si scontrano impegno e disimpegno ... grottesco, satirico e lazzo con sfottò. E spesso vince lo sfottò, tanto amato dal potere. Quando si dice che il potere ama la satira, non è vero: il potere detesta la satira, la combatte, e ama invece la presa in giro, l'impertinenza gioviale ...' (Fo, *Dialogo provocatorio sul comico, il tragico, la follia e la ragione*, Rome-Bari, 1990, pp. 2 and 9).

90 **governo bastardo**: here the *matto* blatantly states his socialist beliefs: it is not the world and human nature that it is at fault; rather it is the way human beings have organised themselves that has created the situation the police are complaining about.

91 **sulla tazza**: 'on the bog pan'.

92 **sul vater**: 'on the lavatory pan'.

93 **tirate l'acqua**: 'pull the chain'; *tirare l'acqua* is the first part of an idiom *tirare l'acqua al proprio mulino* 'to turn everything to one's own advantage', which may also be implied. Emery has caught the imagery well in his translation: 'CONSTABLE: Yes, Sir, up shit creek without a paddle, you might say... SUPERINTENDENT: Constable! CONSTABLE: I'm sorry, I meant, er, down the pan... MANIAC: So flush the chain, and away we go...!' (p. 154).

94 **E corone con bandiere**!: lit. 'And wreaths and flags': the implication is that dogs are far more important than working-class people to the bosses and the King, so if the dog should die in the fray, the boss will get full recognition from the King for his loss: telegram of condolence plus full state funeral.

95 **Abbiamo corretto l'ora**: The timing of the events of the night of 15/16 December was never fully clarified. The journalist who was present (see note 96) put the time of the fall at 00.03 and some newspapers cited that time the next day; the first 'official' version put the fall at 23.57. The telephone call summoning the ambulance was logged mechanically at 23.58. In the early accounts of the night's events, it was said that Pinelli's psychological collapse took place after 23.30; later versions, or 'corrections', put it at 20.00.

96 **quel giornalista**: Aldo Palumbo of *L'Unità*: 'sente un tonfo, poi altri due, ed è un corpo che cade dall'alto, che batte sul primo cornicione del muro, rimbalza su quello sottostante e infine si schianta al suolo, per metà sul selciato del cortile, per metà sulla terra soffice dell'aiuola' (*La strage di stato*, p. 85). Palumbo's house was ransacked in mid January 1970, but nothing was taken (*La strage di stato*, p. 86).

97 **il saltafosso bidone**: 'the great trick of the deception'; *saltafosso* is a kind of trick whereby you convince someone that something hypothetical is actually true and force them to act against their will.

98 **hai voglia**: 'Come off it!'.

99 **Bakunin**: Mikhail Aleksandrovich Bakunin (1814–76) was a Russian revolutionary and anarchist who supported the overthrow of capitalism through violent means but rejected any central control of the revolutionary forces. Bakunin and the Frenchman Pierre Joseph Proudhon (1809–65), who wrote the seminal work *Qu'est-ce que la propriété?* (What is property?) which describes property as theft, can be seen as the

founding fathers of socialist anarchist thought. Marx succeeded in getting Bakunin expelled from the International in 1872. Bakunin spent four years in Italy, 1864–68.

100 **la magistratura è sempre la miglior amica della polizia**: There is, of course, considerable irony here.

101 **crollo psicologico**: 'psychological collapse'.

102 **non c'erano buoni rapporti**: it was known that Pinelli and Valpreda had had differences of opinion on political issues. 'Lui il Valpreda lo considerava soprattutto un "baüscia", uno sbruffone (a braggart), niente di più' (Cederna, p. 24).

103 **un sacco di spie**: Pietro Valpreda, who came from Milan, attended meetings of the '22 marzo' anarchist group in Rome in Via del Governo Vecchio. When he was detained, a number of others from the same group were taken in for questioning too; among them Mario Merlino, founder of the group. He was in fact an ex-fascist and had had dealings with the Greek colonels. The '22 marzo' group could have been a front for right-wing activity (see *La strage di stato*, p. 48).

104 **Francesca Bertini**: (1892–1985), *diva* of early Italian cinema, known for her melodramatic poses.

105 **mi aveva proprio commosso**: it is said that when Calabresi was questioning another anarchist suspect he continued to ruminate on Pinelli's death and asked the young man, Pasquale Valitutti, to ask Licia Pinelli if he could attend her husband's funeral (see Cederna, p. 23).

106 **"Nostra patria è il mondo intiero"**: these words come from an Italian anarchist song of the kind sung round camp fires.

107 **un gran casino!**: 'one hell of a mess!'

108 **avrebbe già tentato di buttarsi**: according to Calabresi's driver, Oronzo Perrone, Pinelli had tried to kill himself the day before (see Cederna, p. 45).

109 **Ma se un indiziato si contraddicesse una metà di come vi siete impapocchiati voi, l'avreste come minimo accoppato!**: 'But if an accused contradicted himself half as much you have muddled yourselves up, you would have at least finished him off by now.'

110 **la risposta sgarbata e insolente data da lei**: when Licia Pinelli had 'phoned the police station during the night of 15/16 December to ask if it were true that her husband had thrown himself out of the window and if so why she had not been told, Calabresi had replied: 'Ma sa, signora, abbiamo molto da fare' (see Cederna, p. 13).

111 **che sbraghi**: 'let your hair down'.

112 **che si lasciano afferrare alla gola dalla commozione**: 'let your emotion grab you by the throat!'.

113 See note 106.

114 **voce, per dio**: 'louder, for God's sake!'

Act II

1 **per terminare nell'acuto risolutivo con la luce che rimonta in "totale"**: 'to finish up on the climax of the high note while the lights come up to full.'

2 **circoli romani**: see note 103 to Act I.

3 **Il fuoco di fila**: 'volley'.

4 **Totò**: stage name of Antonio de Curtis (1898–1967), an Italian comedian and actor much respected by Fo. He began as a club entertainer, then became an actor in straight theatre, eventually assuming responsibilities as actor manager with his own

company. In the fifties he went into film and became one of the most popular of Italian film comedians, known for his films *Napoli Milionaria* (1950), *Guardie e Ladri* (1951) and *L'oro di Napoli* (1954). Fo's commemoration of Totò can be seen in the film *Totò, une anthologie*, directed by Jean Loui Comolli and published in Dario Fo, *Fabulazzo*, Milan, 1992, pp. 330–8.

5 **ci rifacciamo con lo scarimento**: 'here we go buck-passing again'.

6 **questa stanza**: the interrogation room was small, 4 by 3.4 metres. At the *sopralluogo* (part of a trial held at the place of the offence) which formed part of the Baldelli trial, the presiding judge, Biotti, remarked: 'è molto piú piccola di quanto pareva' (Cederna, p. 82).

7 **quattro agenti, io ... un tenente dei carabinieri**: Caracuta, who took down Pinelli's statements, Mucilli, Panessa and Mainardi; Calabresi and Savino Lo Grano.

8 **quello che poi hanno promosso capitano**: tenente Savino Lo Grano. On the night of 15/16 December 1969, when she attended the first press conference, Camilla Cederna described him thus: 'quel tenente dei carabinieri in uniforme che stando un po' in disparte ogni tanto se ne andava su e giù sullo sfondo, era il tenente Savino Lo Grano, l'unico a parere, ad alcuni di noi, inquieto e turbato.' At the Baldelli trial, however, Lo Grano appeared a different person: 'l'ex tenente e da poco capitano dei carabinieri Savino Lo Grano (sopracciglia boscose, tendenza al raddoppiarsi del mento, batter di tacchi, sempre su i guanti) ... appare durissimo, addirittura disumanizzato, e il tragico momento, completo di seguito e d'antefatto, lo descrive tale e quale a una manovra militare.' (Cederna, pp. 11 and 67).

9 **Non fare il furbo**: 'Don't try to be clever'.

10 **uno schiaffone manrovescio ... di piatto ... di taglio**: here the *matto* is describing hand movements with the back of the hand, the front and the side as used in massage treatment of women suffering from cellulitis (excess of fat tissue).

11 **cara-tè! ta!**: the *matto* is here punning on the words 'cara te' (carrying an ironic meaning, 'my dear lady') and 'karate': there was considerable suspicion that the blow that either killed or knocked out Pinelli was a karate chop to the back of his neck. The corpse had a lump at the back of the neck that was not consonant with the estimated ways he could have fallen.

12 **giocavate allo schiaffo del soldato**: 'were you playing blind man's buff?' This idiomatic translation, however, does not catch a possible meaning in the phrase *schiaffo del soldato*. Fo may be referring here to the incident after Christ's arrest when the soldiers slapped him and then challenged him to say who had hit him (see Matthew 26, 67–8; I am indebted to Paola Tite for this suggestion).

13 **la si buttava sul ridere**: 'we played it on the light side'.

14 **ero a Bergamo, dovrei dire San Francisco**: a deliberate confusion. The original text was allegedly about a case in New York in 1921 when an anarchist called Salsedo fell from the fourteenth floor of the police headquarters in New York (see note 27 to Act I). Fo claimed to have transferred the case to contemporary Italy 'al fine di rendere piú attuale e quindi piú drammatica la vicenda'. See Introduction p. 26 and Appendix 1.

15 **"banda del lunedí"**: 'the Monday gang'.

16 **ero svegliato da urla e lamenti**: Camilla Cederna remarks that a number of Milanese who lived within earshot of the *questura* were conscious of the inappropriate sounds that emanated from the *questura* during the night. They would say 'La questura picchia, lasciatelo dire a noi inquilini di corso Porta Nuova che da anni

abbbiamo continuato a far petizioni perché cambino di posto i locali degli interrogatori, tanti sono gli urli che la notte non ci lasciano dormire' (Cederna, p. 29).

17 **inventino gabole**: 'invent stories'; see note 2 to Act I.

18 **era zoppo**: in police circles Valpreda was meant to have suffered from Burger's disease, which involves blocked arteries; the illness was said to be in its last stages and according to some newspapers, Valpreda had already had an operation to remove a number of his toes; this was said to cause him to roll around in agony crying out in pain at night in his prison cell. This supposed disease gave greater credence to the story that he needed to take a taxi to the site of the bomb attack. The taxi driver who claimed to have recognised him took him all 147 metres. One police officer is said to have exclaimed that this was rubbish, and that the officers assigned the task of following him came back to the police station exhausted (see *La strage di stato*, p. 170).

19 **e che come mestiere infilava perline colorate per farne paralumi liberty**: 'and that his work was to thread little pearls into Liberty lampshades'. Camilla Cederna and the authors of *La strage di stato* refer to 'Tiffany' lamps: 'è dalle sue [i.e. Amati's] istruttorie che sbucan fuori le lampade tiffany (sono gli anarchici a farle, è in casa di chi le fa che si trovano i fili di stagno, i saldatori e i famosi vetrini che diventeranno veri capi d'accusa' (p. 105). The implication is, therefore, that lampshade production was a cover for bomb making. See also note 39 to Act I.

20 **No, veramente non abbiamo caricato a 'sto punto**: 'No, we really didn't take it that far.'

21 **"è maschio, per dio"**: this clarifies that the 'liberty' reference implied homosexuality.

22 **pas de deux**: a ballet step.

23. **Ma io c'ero. Se volete posso giurare io!** The constable's continual eagerness to be involved would seem to indicate that Fo was basing this character on Vito Panessa. It was to him that Judge Biotti said, in one of the very few moments of irritation during the Badelli trial, 'Signor Panessa, lei parla troppo'. Camilla Cederna described him as 'grosso, quadrato, facilissimo a passare dalla grinta al sorriso conciliante, dotato inoltre di mimica eccessiva e insignificante' (Cederna, p. 76). It was also Panessa who by denying that there was a *versione concordata* of the events of the night of 15/16 December before being asked if there had been any collusion between police officers, made it only too obvious to the judiciary and public that there had been. For Panessa's evidence at the Baldelli trial, see Cederna, pp. 76–81.

24 **Sesso e anarchia di Otto Weininger**: the constable will not have read *Sex and Anarchy* by Otto Weininger because a book of that title does not exist. The *matto* is probably confusing it with *Geschlect und Charakter* by Otto Weininger (1880–1903), published in Germany in 1903 and first translated into Italian as *Sesso e carattere* in 1912. Weininger's ideas concerning effeminate decadentism and the cultivation of the masculine psyche were introduced into Italy by contributors to the periodical *La Voce* (e.g. Prezzolini, Slapater, Boine and Papini). According to Weininger, Jews were over endowed with feminine characteristics. Weininger committed suicide in 1903 but his work survived him to become a source book for anti-Semitic propagandists.

25 **gli aveva tirato perfino la saliera**: see note 102 to Act 1.

26 **il macchiavello**: word coined from the sixteenth-century political thinker and literary writer Niccolò Machiavelli, popularly known for his justification of deception and opportunism in political life.

131

27 **Ha fatto il kamikaze per rovinarvi**: 'he killed himself to ruin you.'

28 **l'amato consigliere archiviatore**: Amati.

29 **brava persona**: it was Calabresi who first spoke of Pinelli as 'un bravo ragazzo'; see Cederna, p. 23, and note 79 to Act I.

30 **la nebbia che ti ingessa**: 'with the fog that chokes you'. Camilla Cederna recalls 15 December, the day of the funeral of the Piazza Fontana victims, as being a day of 'una nebbia mai vista che rendeva bassissimo il cielo e nero il mezzogiorno' (Cederna, p. 7).

31 **da far barbellare un orso bianco**: lit. 'to make a white bear dance'; 'that would give a penguin a frostbite' (Cumming and Supple, p. 46).

32 **il "tombone di san Marco"**: this refers to one of two great arches or vaults in the walls of Milan under which runs the main canal, the *Naviglio della Mantesana*. They are called *Tombon de San March* and *Tombon de Viarenna* (see F. Cherubini, *Vocabulario Milanese-Italiano*, 1839, under *Tombòn*). (I am indebted to Professor Giulio Lepschy for this information.)

33 **sulla settimana enigmistica**: the weekly puzzle and crossword magazine which has no direct British equivalent. There are various kinds, and they contain a mixture of cartoons, jokes, spot-the-anomaly picture puzzles and a range of word puzzles. Cumming and Supple translate *il commissario Baciocchi Stupidoni* as 'Inspector Dick Dimwit' (p. 47).

34 **Ma che dice, signor giudice, vuole che noi ...?**: the *questore* of Milan, Marcello Guida, said at one of the many press conferences in late 1969 or early 1970: 'non vorrete pensare che l'abbiamo gettato noi' (Cederna, p. 22). This unfortunate remark caught the popular imagination.

35 **alla Brumel**: Valery Brumel, born in 1942, was a Soviet high jumper who held the world record from 1961 to 1971.

36 **uno addirittura presso la finestra**: this was Vito Panessa. Camilla Cederna and the authors of *La strage di stato* speak of three versions of the incident: 'Perché son tre e tutte diverse le versioni che la polizia ha dato dell'incidente? "Quando Pinelli ha spalancato la finestra, abbiamo tentato in tre di fermarlo, ma senza riuscirci," la prima. "Quando Pinelli ha spalancato la finestra, abbiamo tentato di fermarlo e ci siamo parzialmente riusciti," la seconda. "Quando Pinelli ha spalancato la finestra, abbiamo tentato di fermarlo, e uno dei sottufficiali presenti, il brigadiere Vito Panessa, con un balzo cercò di afferrarlo e salvarlo: in mano gli rimase soltanto una scarpa del suicida," risulterà la terza; un giornalista del "Giorno" infatti vide il corpo a terra con tutte e due le scarpe ai piedi' (Cederna, p. 28). This third version came out in the *Corriere della Sera* of 17 January 1970 (*La strage di stato*, p. 87). It was Vito Panessa who used the graphic phrase 'un salto felino' to describe Pinelli's 'lunge' towards the window in one version of the events.

37 **"Corriere della Sera"**: a leading Italian daily (despite its name) newspaper of conservative leanings.

38 **dell'"Unità"**: the Italian Communist Party newspaper.

39 **della monarchia**: Italy has been a republic since the referendum of 1946. There is still an extant 'royal family'.

40 **Maria Feletti**: this character is based on Camilla Cederna, a journalist of the weekly left-wing *L'Espresso*, who wrote the book *Pinelli, una finestra sulla strage*, Feltrinelli, Milan, 1971. The *questore* who came to replace Marcello Guida in Milan, Dr. Ferruccio Allitto Bonanno, referred to her as 'la rompiscatole N. 1' (Cederna, p. 86).

41 **della scientifica**: the *polizia scientifica* is the section of the Italian state police that avails itself of the latest scientific methods in order to solve crime. The nearest English equivalent is the forensic department.

42 **cappellano dei bersaglieri**: 'chaplain to the *bersaglieri*', a rifle regiment of the Italian army. Although there is no stage direction to indicate this, it will be at this point that the *matto* turns away and prepares his lightning disguise to reappear a few speeches later as Captain Marcantonio Banzi Piccinni from the forensic department.

43 **campagna d'Algeri**: the Algerian campaign began in the mid-fifties when France tried to subdue the Algerian uprisings.

44 **finestra-cavalcioni**: see note 26 to Act I.

45 **la fotocopia della lettera di un giovane anarchico inviata dal carcere di San Vittore**: the person referred to here is Paolo Braschi. He sent a letter from San Vittore prison in Milan which was then published in the anarchists' weekly *Umanità nuova* (Cederna, p. 32; see note 26 to Act I).

46 **Hitchcok**: Alfred Hitchcock (1899–1980), film producer and director, best known for his mastery of the technical means of creating and maintaining suspense.

47 **pensa che io abbia messo a cavalcioni anche il ferroviere?**: see Marcello Guida's remark 'Non vorrete pensare che l'abbiamo gettato noi?' in note 34 to Act II.

48 **giudice archiviatore**: Amati.

49 **parabole di caduta**: there was much discussion about the way Pinelli fell. As Maria Feletti explains, the fact that there were no markings on the hands (a person would instinctively try to protect themselves on impact) would suggest that Pinelli was already dead before he fell from the window. Fo's first edition of the play was illustrated with line drawings of the possible forms of the fall.

50 **decreto di archiviazione**: the order to close the case; see note 25 to Act I.

51 **l'ora esatta della chiamata telefonica dell'autolettiga**: this was a key point in the radical journalists' argument in their evidence concerning a cover-up: see note 95 to Act I and Introduction pp. 12–14.

52 **le ecchimosi al bulbo del collo del morto**: 'a bruise to the back of the neck of the dead man': see note 11 to Act II.

53 **si mormora**: this is a version that is told in *La strage di stato*. The authors comment: 'Una disgrazia. Un malore prima e la disgrazia poi. Questa all'incirca la versione che uno dei cinque presenti nella stanza (il commissario Luigi Calabresi, i brigadieri Panessa, Mucilli e Mainardi, il tenente dei carabinieri Sabino Lo Grano) fornirà poi a un superiore. Questa versione, attraverso un lungo giro, giunge anche a chi sta conducendo questa controinchiesta. E sarebbe credibile, forse, se non vi fosse quella lesione bulbare nel collo di Pinelli, se non vi fosse la sua totale mancanza di riflessi durante la "scivolata" lungo il muro, indizio evidente che non si trattava di un uomo colto da malore ma di un uomo inanimato. Tutto credibile, forse, per chi era in quella stanza e non ha saputo distinguere il colpo fatale vibrato sul collo del Pino, e non ha capito perché quel colpo è stato vibrato e perché il Pino doveva cadere dalla finestra' (*La strage di stato*, p. 96). Camilla Cederna has a similar story put out by a news agency "In" which again claims the version comes from a police officer. It has an extra detail. After Pinelli falls ill, 'perduta la testa, gli agenti l'avrebbero gettato dalla finestra, facendolo in modo tanto maldestro da ritrovarsi con le scarpe del morto in mano' (Cederna, p. 24).

54 **argomentazioni conclusive**: 'summing up'.

55 **dato un po' troppa corda a quell'avvoltoio**: 'let that vulture out on too long a leash': note the image of the vulture which began with the *questore*'s use of it on p.

93 and will be used again by the *matto* later.

56 **decreto d'archiviazione**: see note 50 to Act II and note 25 to Act I.

57 **il giudice suddetto**: see note 48 to Act II.

58 **persone anziane malferme**: Judge Amati did indeed decline to give any weight to the elderly persons' evidence, describing them as 'invalidi' and 'vecchi pensionati, malfermi in salute'. The two men were Mario Magni and Mario Pozzi (see Cederna, p. 44).

59 **Marghera, Piombino, Sesto San Giovanni, Rho**: these are all working class industrial towns or districts: Marghera near Venice; Piombino in Tuscany and Sesto San Giovanni and Rho near Milan.

60 **tallone**: key playing card.

61 **gira e rigira**: 'after beating about the bush'.

62 **vecchio piú di Noè e rimbambito piú di Giosuè**: 'older than Noah and more senile than Joshua'. The word *rimbambito* carries with it associations of incapacity, e.g. to have become an imbecile, to have gone ga-ga.

63 **massaggio frizione lampada al quarzo**: massage and ultraviolet ray treatment. *Frizione* is also 'hair setting lotion' as in the phrase 'taglio frizione messa in peiga'.

64 **ti bacia anche la mano**: 'they even kiss your hand', as a mark of respect.

65 **la diga del Vajont – nome di fantasia completamente inventato**: there is heavy irony here – the *matto* is obviously referring to the disaster of 9 October 1963 when the Vajont dam collapsed and a gigantic rush of water of 150,000,000 cubic metres flooded Longarone at 100 kilometres an hour destroying the village with four others in the Piave valley. The floods in November 1994 gave rise to a number of remembrances of past tragedies accompanied by recriminations against the Italian government for its failure to make sufficient provision for such disasters in its laws concerning building construction and planning; see, for instance, G. Strano, 'Siamo alle solite – come 30 anni fa', *Epoca*, 20.11.94, pp. 34–40.

66 **quei pochi che si sono fatti beccare**: 'those few who let themselves get caught'.

67 **costruzioni idrauliche Sade**: the engineering firm who built the Vajont dam.

68 **Vietnam, berretti verdi**: the 'green berets' were members of an American force who fought in the Vietnam War, 1955–75.

69 **È il facsimile della bomba esplosa alla banca**: Camilla Cederna tells of the first time she saw Antonino Allegra: 'Il dottor Allegra l'avevo conosciuto a una conferenza stampa il 26 aprile dopo gli attentati alla Fiera e alla stazione, con un cartoccio in mano, e dentro del fil metallico, una specie di rocchetto e una rotellina da mostrare ai gornalisti, la prova, secondo lui, insieme a un disegno incomprensibile, che gli attentati erano "quasi sicuramente di matrice anarchica"' (Cederna, p. 11).

70 **l'hanno seppellita e fatta scoppiare**: As the journalists of *La strage di stato* explain: 'E la seconda bomba milanese, quella della Banca Commerciale Italiana non è esplosa, forse perché il "timer" del congegno d'innesco non ha funzionato. Ma viene fatta esplodere in tutta fretta alle 21,30 di quella stessa sera dagli artificieri della polizia che l'hanno prima sotterrata nel cortile interno della banca. È una decisione inspiegabile: distruggendo questa bomba cosí precipitosamente si sono distrutti preziosissimi indizi, forse addirittura la firma degli attentatori. In mano alla polizia rimangono solo la borsa di simil pelle nera uguale a quella di piazza Fontana, il "timer" di fabbricazione tedesca Diehl Junghans, e la certezza che la cassetta metallica contenente l'esplosivo è anch'essa simile a quella usata per la prima bomba. Il perito balistico Teonesto Cerri è sicuro che ci si trova davanti

all'operazione di un dinamitardo esperto' (*La strage di stato*, pp. 25–6).

71 **Ma a chi la dài a bere?**: 'Who are you trying to fool?'

72 **il trampeln d'innesco**: 'detonating fuse'.

73 **professionisti, come si dice**: see note 70 to Act II.

74 **la piú folle e patetica combriccola di scombinati che possa immaginare**: 'the most crazy and pathetic bunch of misfits you can imagine'.

75 **Uno è un fascista romano**: evidence collected by radical journalists and published in *La strage di stato* pointed to Mario Merlino as an important infiltrator of the Rome group of anarchists, the 22 Marzo group. Mario Merlino was active in far-right groups from 1962 to 1968 and spent his summers in Munich and Frankfurt. In 1965–66, when he spent six months in Germany he made contact with a neo-Nazi group called 'Nazione europea'. He was sighted in the Valle Giulia demonstration. In April 1968 he went to Greece under the aupices of ESISI, the ultra-right Greek student organization which had links with the 'Greek colonels'. It was the view of the journalists of *La strage di stato* that industrialists and right-wing politicians in Italy were learning from the Greek experience in order to prepare for a coup in Italy (*La strage di stato*, pp. 60–3).

76 **un vostro agente di pubblica sicurezza**: Salvatore Ippolito, from Calabria, self-styled student but in fact an agent of the Polizia di Pubblica Sicurezza who lived in Genoa but at the time was lodging in Rome. He introduced himself into the Bakunin anarchists in April 1969 and was known as 'Andrea il genovese' (*La strage di stato*, p. 103).

77 **un'aquila**: 'genius, high flier'.

78 **Bakunin**: see note 99 to Act I.

79 **bleffando**: bluffing. *Bleffare* or *bluffare* is a borrowing from the English and originally referred to the game of poker when a player pretended to hold a card he or she in fact did not hold.

80 **Dalla platea si sentono delle voci provenienti da punti diversi**: the deliberate destabilisation of notions of reality is a recurrent feature of Fo's drama. In *Guerra in Cile* some members of the audience were confused by this to the extent that they believed that the stage police were the real police and responded with various degrees of alarm and panic. One man, it is said, ate his diary.

81 **gruppetto di pellegrini**: 'this little band of travellers'.

82 **senza che voi interveniste a bloccarli**: a question a number of journalists were asking at the time.

83 **il nostro agente spia era assente dal gruppo**: the journalists of *La strage di stato* had evidence that 'Andrea' was sighted at the group's meeting-place on the afternoon of 11 December 1969 (*La strage di stato*, p. 103).

84 **il fascista**: Mario Merlino; see note 75 to Act II.

85 **Bumpete!**: 'Whoops!'

86 **A me non risulta**: 'I haven't heard of that'.

87 **173 attentati dinamitardi**: the figures in *La strage di stato* are a little different, but the point is the same: 'Le bombe del 12 dicembre scoppiano in un Paese dove, a partire dal 3 gennaio 1969, ci sono stati 143 attentati; dodici al mese, uno ogni tre giorni, e la stima forse è per difetto. Novantasei di questi attentati sono di riconosciuta marca fascista, o per il loro obiettivo (sezioni del PCI o del PSIUP, monumenti partigiani, gruppi extraparlamentari di sinistra, movimento student-esco, sinagoghe, ecc.) o perché gli autori sono stati identificati' (*La strage di stato*, p. 27).

88 **PCI**: 'Partito Comunista Italiano'.

89 **"Unità"**: see note 38 to Act II.

90 **Eppure io quello lo conosco**: Bertozzi has been silent for some time, obsessionally ruminating on who 'Capitano Piccinni' is.

91 **forse si sarebbe venuti a capo della matassa**: 'perhaps we would have got to the bottom of the affair.' The argument put here by the *matto* is in fact the argument of both *La strage di stato* and Camilla Cederna's book, *Pinelli, una finestra sulla strage*.

92 **adesso gli volta tutta la frittata d'un colpo**: lit. 'now he'll give the omelette a single toss' i.e. now he'll suddenly turn the argument round.

93 **se ne sarebbero scoperte delle belle**: ' we would have come up with some fine things'.

94 **"Lotta Continua"**: first published in November 1969, *Lotta Continua* was the organ of the extraparliamentary group of the same name which played an important part in the political and social events of the late sixties and early seventies. It was the paper that through its cartoons and comic strips openly accused Calabresi of murdering Pinelli and which Calabresi sued for libel in 1970.

95 **corriere della sera**: see note 37 to Act II.

96 **Loro vorrebbero la rivoluzione ... E noi gli daremo le riforme**: This is the hub of the Marxist-Leninist argument put forward by the *matto*. He is not advocating improvements to the current political system; he wants a different method of social organization. As the *matto* argues from this point until the end of the play, scandals are 'social democracy's fertiliser' and their exposure its 'liberating burp'. The exposure of wrong doing in scandals serves to reassure the people that the current political system, that is, representative democracy based on capitalism and competition, holds within it its own correctives and is an effective and desirable method of social organization. Fo, through the *matto*, disagrees: he would argue that a society based on socialist principles would create the possibility of a just society.

97 **vilipendio della magistratura**: 'contempt for the judiciary'. Apart from contempt for religion, there are three kinds of *vilipendio* in Italian law: contempt for the Italian Republic and its institutions, contempt for the Italian nation and contempt for the Italian flag. These are covered by articles 290, 291 and 292 respectively of the Penal Code (see S. R. Marengo, *Enciclopedia Garzanti del diritto*, Milan, 1993, p. 1239).

98 **Incosciente ... mollalo! Me lo vuoi smontare?**: 'Leave him, you idiot! Do you want to take him completely apart?' Note the colloquial use of the dative 'me' for emphasis.

99 **"ipocritomaniaco"**: see note 5 to Act I. The word 'hypocrite' comes from the Greek meaning 'actor'.

100 **controinchiesta**: 'counter-enquiry', i.e. an equiry which is carried out alongside or after an enquiry because there is doubt about the findings of the first enquiry.

101 **cosa sbroffavi di sapere tutto, che non sai niente?**: 'why in the hell did you claim to know everything when you don't know anything?' *Sbroffare* is a colloquialism for 'vantarsi'. The *commissario* is here referring to the phone call in which the *matto* pretended to be Bertozzo.

102 **fai casino**: 'you're making one hell of a muddle'.

103 **rancati**: name of a Roman firm which supplies ecclesiastical and religious items

104 **incaricato della Santa Sede come osservatore di collegamento presso la polizia italiana**: '*Chargé d'affaires* of the Holy See and liaison officer with the Italian

136

police'. There is, of course, no such office, but Fo is emphasising here with this disguise of the *matto* the close connection between affairs of State and Church affairs in Italy.

105 **un calmante benedettino**: 'a Benedictine sedative.' The Benedictines are well known for their liqueurs.

106 **arquebuse in fiala**: herbal remedy in a phial; the herbal infusion is so called because it was used to cure wounds made by 'archibugi', portable long-barelled guns.

107 **un banderillero**: bull-fighter's assistant.

108 **san Gregorio Magno**: Saint Gregory the Great (?540–604), pope from 590–604. He strengthened papal authority by centralising administration, tightening discipline and revising the liturgy.

109 **Nolimus aut velimus, omnibus gentibus, justitiam et veritatem ...**: 'whether we like it or not, justice and truth for all people'. The loose adaptation given by the *matto* and the suspension marks after *veritatem* imply that the Latin phrase is longer and that there is a verb expressing the Pope's will that justice be available for all people.

110 **Ma non sa che è reato?**: 'But don't you realise that's a prosecutable offence?': it is, in fact, 'contempt' (*vilipendio*), see note 97 to Act II.

111 **una certa sua mania di scrivere messaggi melodrammatici**: this is probably a reference to President Saragat's telegram transmitted on radio and television after the death of the police officer Antonio Annarumma during the demonstrations on the day of a national strike on 19 November 1969. 'Questo odioso crimine deve ammonire tutti ad isolare, e mettere in condizione di non nuocere, i delinquenti, il cui scopo è la distruzione della vita, e deve risvegliare non soltanto negli atti dello Stato e del governo, ma soprattutto nella coscienza dei cittadini, la solidarietà per coloro che difendono la legge e le comuni libertà.' It is probable, in fact, that Annarumma died not through actions of subversives but because of a driving mistake made by an officer in another police vehicle (see *La strage di stato*, p. 28).

112 **la catarsi liberatoria d'ogni tensione**: a good scandal makes people feel better and therefore happy to continue with the status quo. As discoverers of scandals, the *matto* accuses journalists of being the high priests of bourgeois society; see note 96 to Act II. As will become clear at the end of the play, Fo's political theatre is constructed deliberately to avoid the relief of catharsis. Catharsis is to a theatre audience, he would argue, what a juicy scandal is for the social fabric: both bring relief by effecting a false sense of security; see Introduction pp. 29–30.

113 **borbonico**: the *matto* is here referring to the former repressive Bourbon rule over Southern Italy, suggesting that contemporary Italian society is so repressive, that even a good scandal is unlikely.

114 **lo scandalo "Profumo" in Inghilterra**: the Profumo affair of 1962, a sexual and espionage scandal which was a factor in the fall of Harold Macmillan's Conservative government in 1964. John Profumo, the Secretary of State for War, denied in the Commons that he had had an affair with the model Christine Keeler; he subsequently wrote a letter of resignation to the Prime Minister, indicating that he had lied to the House of Commons. It was discovered that not only he, but also a Russian military attaché, had been having an affair with Christine Keeler at the same time, a situation which was seen as a security risk. The British press was instrumental in forcing the matter into the open. The Labour Party, with Harold Wilson as Prime Minister, came to power in 1964 but, as the *matto* points out, the

scandal had no effect on the political system as such. For a contemporary account, see W. Young, *The Profumo Affair*, Harmondsworth, 1963.

115 **la presa di coscienza del popolo**: through the *matto* Fo continues to expound his political views. Diverting people's attention from the real issues of economic organization through focussing their attention on scandals, social democracy inhibits the possibility of true political consciousness, the necessary prerequisite of revolution. The United States of America is ironically cited as a true social democracy for it is the epitome of high capitalistic economy with its full complement of scandals, such as the published atrocities of the Vietnam War (1955–75). Fo's criticism of the United States of America has a particular resonance. The Americans were seen as the liberators of Italy at the end of the Second World War and had previously been idealised as inhabitants of a kind of promised land by those who had relatives who emigrated there. It is also not without significance that Fo was arrested for disrespect for the American President (see Stuart Hood, Introduction to Dario Fo, *Plays: One*, London, 1994, p. xii and Introduction, pp. 2–5).

116 **manifestazione degli edili**: builders' demonstration in New York.

117 **Il Vangelo secondo Ciu En-Lai**: Chou En-Lai (1898–1976) took a major part in the creation of the Chinese Communist Party and was Premier of China from 1949.

118 **Quelli che andavano in giro a dire**: here the *matto* links the struggles of the blacks in the United States during the sixties with the workers' struggles in Europe.

119 **"Bum Bum"**: the title of one of Fo's political plays is *Pum! Pum! Chi è? La polizia.*

120 **"Piacere. Bum Bum." E chi si è visto, s'è visto**: '«Pleased to meet you, Bang Bang.» And he's off, never to be seen again.' The police officer has shot the *propagandatore* and is off on his way. In the lines that follow, there is an ironical reference to Calabresi's attempt to pass the buck when he claimed that he was not in the room when Pinelli fell. Through the *matto* Fo is expressing the view that repression is more blatant in the United States: police officers take a pride in eliminating 'i nemici della patria, della nostra grande, gloriosa nazione!'

121 **Su le mani**: Bertozzo has decided to take action.

122 **caro il mio Fregoli del porcogiuda**: 'my dear Mr. Crackpot bastard', Cumming and Supple, p. 75; 'Mr Bigmouth Bullshit', Emery, p. 203. Both translations are effective but neither catch the meaning of 'Fregoli', a famous quick-change artist (1867–1936), who has since lent his name to persons who change their views or political allegiances with surprising speed.

123 **Mutuato**: 'on indefinite sick leave'.

124 **Imola, Voghera, Varese, Gorizia, Parma**: these towns are in the north of Italy.

125 **il giro d'Italia**: this phrase usually refers to a cycle race.

126 **Alessandria d'Egitto**: the library of ancient Alexandria, said to have contained 700,000 volumes, was destroyed by the caliph Omar in 640. Alessandria is also a town in Piedmont, similar in size to Imola, Voghera, Varese, etc. As Bertozzo is to point out in his next speech, the *matto* has added *d'Egitto* himself – the library he is supposed to have destroyed, is, of course, the one in the northern Italian town.

127 **non fare il fesso!**: 'don't be an idiot!'

128 **"Tramptur"**: a detonator.

129 **e facciamo prima**: 'and off we go'.

130 **Non ci caschi Bertozzi**: 'don't fall for it, Bertozzi'.

131 **Longber acustico**: see note 128.

132 **E chi se ne frega**: 'And who cares a damn?'

133 **che anche il popolo italiano**: this version of the play ends deliberately on an unresolved note. The plot is not wrapped up neatly, nor is there a satisfying ideological conclusion to the play. In line with his ideas concerning catharsis, Fo makes the audience conscious that all that the *matto* can do is to make a small step to bring Italy in line with those so-called developed countries that he has been criticising during the play. Scandals serve to bolster the status quo rather than to undermine it.

Appendix1 A note on the texts of *Morte accidentale di un anarchico*

The text of the play used for this edition is that published by Einaudi in 1974 as part of volume VII of *Le commedie di Dario Fo*. The volume also contains *La signora è da buttare*. The 1974 text of *Morte accidentale di un anarchico* differs in a number of ways from the first published version in Collettivo Teatrale La Comune, *Compagni senza censura*, Mazzotta, Milan, 1973. This edition carries an introduction which emphasises the political dimension of the play; the introduction is followed by a prologue which carefully sets out the transposition: the play is about 'un fatto veramente accaduto in America in 1921' which has been transposed to the present day and to an Italian city, let's say Milan, 'al fin di rendere più attuale e quindi più drammatica la vicenda'. The ending of this earlier version is also different from the text published here. The *matto* puts handcuffs on the police and the journalist, attaches them to the coat rack at the back of the stage; the lights go off, there is an explosion, the lights come on again and the *matto* has disappeared. The journalist manages to slip her handcuffs and reports from the window that there is crowd of people around a man down below and the assumption is that the *matto* has fallen from the window. But the actor who played the *matto* appears at the door, this time with a bristly black beard and a great stomach. The policemen rush towards him dragging the coat stand with them, grabbing at his beard only to find that the beard is real and that they are attacking the judge, Antonio Garassinti, who has come to conduct the enquiry. After the text there are forty-four pages of 'dibattiti e interventi del pubblico' which took place in the towns where the play was presented.

There are three English adaptations of *Morte accidentale di un anarchico*. The first to be published (Pluto Press, 1980 and Methuen 1987) was Gavin Richards' adaptation of a translation by Gillian Hanna which was the text used by the Belt and Braces company in their perform-ance of the play in 1980. The second adaptation by Tim Supple and Alan Cumming (Methuen, 1991) was the one used at the National Theatre in 1991. The third version is by Ed Emery in Dario Fo, *Plays: One* (Methuen, 1992). Ed Emery indicates that his version is closer to the original than either of the previous adaptations. Though there is some truth in this, it is also the case that Ed Emery's version is not a straight translation of Fo's text. Indeed, the very nature of Fo's writing defies any translator to attempt an exact rendering of the Italian. It is important to bear in mind part of the final paragraph of Ed Emery's translator's note: 'There is by now a tradition with the staging of Fo's plays: theatre companies take the original texts and adapt the political and cultural references to suit their own circumstances.' Any version of the play that does not reflect the fluidity of Fo's writing and makes no attempt to mirror contemporary colloquial language and local and contemporary political references would be rejecting the intrinsic nature of Fo's text.

Appendix 2 Two notes by Dario Fo on the performance of the play

Quando questa commedia andò in scena, nel dicembre 1970, in un breve prologo che l'introduceva si affermava l'intenzione di raccontare un fatto realmente accaduto: il «volo» da una finestra del quattordicesimo piano del palazzo della polizia di New York dell'emigrante italiano Salsedo, anarchico.[1] Ci vollero allora (era il 1921) perizie e superperizie, inchieste e controinchieste, sostenute da un vasto movimento d'opinione, per accertare le responsabilità e per stabilire che l'anarchico non era morto accidentalmente, o per suicidio, ma era stato assassinato dai poliziotti nel corso di un interrogatorio. A giustificare poi l'attualizzazione e la trasposizione scenica dei fatti si sosteneva, con scoperta ironia , che se qualche analogia con eventi di casa nostra era riscontrabile nel testo, ciò andava esclusivamente attribuito a quell'indecifrabile magia, costante nel teatro in quanto reinvenzione della realtà, che in infinite occasioni ha fatto sí che storie pazzesche, completamente inventate, si siano trovate ad essere impudentemente imitate dalla realtà.

Non era una coincidenza casuale che la prima dello spettacolo avvenisse nei giorni in cui si celebrava a Milano il processo Calabresi-«Lotta Continua», successivamente rinviato e quindi sospeso per cause di forza maggiore (morte non accidentale dell'attore).[2] Il processo, si ricorderà, avrebbe dovuto «far luce» sulla morte dell'anarchico Pinelli, precipitato da una finestra del quarto piano del palazzo della questura di Milano nel corso dell'inchiesta sulle bombe del 12 dicembre: primo anello di una lunga catena di atti delittuosi che si sarebbero susseguiti fino ai giorni piú recenti. Fu cosí che lo spettacolo si vide attribuire un ruolo di controinformazione e di cronaca quotidiana che avrebbe continuato a svolgere a lungo – con una vita non sempre facile: capita spesso che la realtà non sopporti l'intervento critico della fantasia, e ritenga pericoloso il dibattito che tale intervento sollecita tra il vasto pubblico. L'autore e i suoi compagni si sono dunque trovati ad essere cronisti-critici della «strage di stato[3] continua» che, iniziata con il contrattacco reazionario all'iniziativa operaia del '69, è ancora lontana dall'esaurirsi.

Nella denuncia e nella lotta a questa situazione, *Morte accidentale di un anarchico e di alcuni altri sovversivi* ha svolto,[4] e oggi abbiamo gli elementi per affermarlo, un ruolo non secondario: un ruolo preciso di strumento per la lotta politica. Che, sia ben chiaro, non avrebbe potuto svolgere se si fosse semplicemente riconosciuto il compito della controinformazione, se non esistesse cioè, come premessa al lavoro complessivo di Dario Fo e della «Comune», una doppia consapevolezza. Alla base del testo, della serie scatenata di invenzioni comico-grottesche in cui si articola – come penosamente grotteschi sono i risvolti delle vicende cui il testo fa riferimento –, c'è la riflessione leninista della teoria dello stato e delle sue funzioni.[5] La magistratura e la polizia che lo spettacolo mette sotto accusa non sono istituzioni da criticare o da correggere, sulle quali far pressione per evitarne le disfunzioni: sono le espressioni più dirette dello stato borghese, del nemico di classe da abbattere. D'altra parte, per quanto riguarda la natura di questo strumento per la lotta politica, facciamo nostra la convinzione di un teatro che «possa descrivere il mondo d'oggi agli uomini d'oggi, solo a patto che lo descriva come un mondo che può (e deve) essere cambiato». Purché, nel suo modo di essere e di operare, sappia legarsi correttamente agli sviluppi della lotta di classe, oggi, nel nostro paese.

Come ci è venuto in mente di allestire uno spettacolo legato al tema della strage di stato? Anche in questo caso siamo stati spinti da una situazione di necessità. Durante la primavera '70 i compagni che assistevano ai nostri spettacoli – compagni operai, studenti, democratici progressisti – ci sollecitavano a scrivere un intero testo sulle bombe di Milano e sull'assassinio di Pinelli, che ne discutesse le cause e le conseguenze politiche. La ragione di questa richiesta era costituita dal pauroso vuoto d'informazione attorno al problema. Passato lo shock iniziale, la stampa taceva: i giornali della sinistra ufficiale, «l'Unità» in testa, non si sbilanciavano e non andavano oltre sporadici commenti del tipo: «Il fatto è sconcertante», «Come oscura è la morte di Pinelli, così rimane avvolta nel mistero la strage alle banche». Si aspettava che «luce venisse fatta». Aspettare, purché non si facesse caciara…

E invece no. Bisognava far caciara, con ogni mezzo: perché la gente che è sempre distratta, che legge poco e male e solo quel che gli passa il convento, sapesse come lo stato può organizzare il massacro e gestire il pianto, lo sdegno, le medaglie alle vedove e agli orfani, e i funerali con i carabinieri sull'attenti che fanno il presentat'arm…

All'inizio dell'estate esce da Samonà-Savelli il libro *La strage di stato:* un documento straordinariamente preciso, ricco di materiale, e soprattutto scritto con grande decisione e coraggio. In autunno «Lotta Continua» e il suo direttore Pio Baldelli vengono denunciati dal commissario Calabresi. È a questo punto che anche noi comprendiamo la necessità di muoverci al più presto.

A nostra volta iniziamo il lavoro d'inchiesta. Un gruppo di avvocati e giornalisti ci fa avere le fotocopie di alcuni servizi condotti dalla stampa democratica e di sinistra – ma non pubblicati; abbiamo la fortuna di mettere il naso in documenti riguardanti inchieste giudiziarie, ci è dato perfino di leggere il decreto di archiviazione dell'affare Pinelli (e, come è noto, i processi che secondo alcuni avrebbero definitivamente dovuto «far luce» sull'episodio veranno successivamente rinviati e definitivamente sospesi: per morte non accidentale dell'attore).[6]

Stendemmo una prima bozza di commedia. Farsa, addirittura: tanto penosamente grotteschi risultavano gli atti delle istruttorie, le contraddizioni delle dichiarazioni ufficiali. Ci viene fatto presente che potremmo correre il rischio di denunce, incriminazioni, processi: decidiamo comunque che vale la pena di tentare, che, anzi l'andar giú a piedi giunti sia necessario, è il nostro dovere di militanti politici. L'importante è fare in fretta, intervenire a caldo.

Il debutto, al capannone di via Colletta,[7] coincide con i giorni in cui si celebra il processo a Pio Baldelli. È un successo di massa straordinario: ogni sera la sala è esaurita mezz'ora prima dell'inizio dello spettacolo, ci troviamo a recitare con la gente sul palcoscenico, fra le quinte. Nonostante le provocazioni: come la telefonata del solito ignoto che denuncia la presenza di una bomba in sala, l'intervento della Volante,[8] il rilievo dato all'«incidente» dalla stampa padronale. Nonostante tutto ciò, sollecitati a tener duro dai compagni avvocati del processo Calabresi-Baldelli, le repliche proseguono a platee esaurite fin oltre la metà di gennaio.

Le difficoltà cominciano con la partenza per la tournée. In via Colletta siamo a casa nostra: fuori, i compagni che ci organizzano sono costretti ad affittare teatri, cinema, sale da ballo. C'è piú d'un gestore che si rifiuta di accordarci la sala, disposto a pagare ogni danno, dal momento che qualcuno l'ha consigliato di non insistere, di lasciar correre… Qualcuno che non vuol perdere il suo posto di questore.

Spesso, però, le apparenti sconfitte diventano nostre vittorie. A Bologna, per esempio, ci vengono negati i millecinquecento posti del teatro Duse:[9] riusciamo ad ottenere i seimila del Palazzetto dello Sport, e la gente lo affolla. Si comincia ad intuire che se la polizia e qualche sindaco piú o meno governativo si dànno tanto da fare perché certe cose non si sappiano… ebbene, certe cose vanno assolutamente sapute.

Ma qual è la vera ragione del successo dello spettacolo?[10] Non tanto lo sghignazzo che provoca sulle ipocrisie, sulle menzogne organizzate in modo becero e grossolano – a dir poco – dagli organi costituiti e dalle autorità ad essi preposte (giudici, commissari, questori, prefetti, sottosegretari e ministri): è soprattutto il discorso sulla socialdemocrazia e le sue lacrime di coccodrillo, l'indignazione che si placa attraverso il ruttino delo scandalo, lo scandalo come catarsi liberatoria del sistema. Il rutto che si libera felice nell'aria anche attraverso il naso e le orecchie proprio attraverso lo scandalo che esplode, quando si viene a scoprire chc massacri, truffe, assassinî sono compiuti da organismi del potere, ma che dall'interno del potere altri organismi, magari spinti dall'opinione pubblica incazzata, li denunciano e li smascherano. L'indignazione del buon cittadino democratico cresce fino a soffocarlo: ma la soddisfazione che sono, alla fine, gli organi stessi di quella società marcia e corrotta a puntare il dito accusatore verso se stessa, verso le sue «parti malate», lo rende libero, disintasato in ogni buco del suo spirito. Fino a farlo esplodere felice nel grido: «Viva questa bastarda società di merda, che si pulisce però sempre con carta soffice e profumata, e che, ad ogni rutto, si porta educatamente una mano davanti alla bocca!»

Morte accidentale di un anarchico è stata finora rappresentata per due stagioni, recitata circa trecento volte, vista da oltre trecentomila persone. Nel frattempo la spirale della strategia della tensione è cresciuta, ha prodotto altre vittime: il testo si è aggiornato, il discorso si è fatto piú esplicito. Con la morte di Feltrinelli[11] si è arricchito di una lunga presentazione, il titolo è stato mutato in *Morte accidentale di un anarchico e di alcuni altri sovversivi*: lo scopo immediato è quello di far comprendere come la strage di stato continui imperterrita, ed i mandanti siano sempre gli stessi. Gli stessi che hanno tenuto in carcere Valpreda e i suoi compagni, sperando che crepassero, gli stessi che ammazzano a bastonate un ragazzo per le strade e nel carcere di Pisa, che a Parma fanno accoltellare un militante rivoluzionario – non un generico «giovane antifascista», come tristemente insistono i revisionisti. Gli stessi che preparano un autunno di reazione e di violenza, facendolo precedere dal ricatto verso il movimento, verso tutti quelli che non vogliono saperne di abbassare la testa.

Ma, per loro disgrazia, dovranno accorgersi che siamo in tanti… e stavolta il rutto gli andrà di traverso.

per il Collettivo Teatrale LA COMUNE
Dario Fo

Notes

1 This version of the play, which includes the prologue mentioned here, was published in Collettivo Teatrale La Comune, *Compagni senza censura*, 2, Milan, 1973. The text printed here, and the two notes which were placed at the end of the volume, were published in 1974.

2 According to Leonardo Marino, Calabresi was killed by Ovidio Bompressi with himself as accomplice on 17 May 1972. They were both members of the Lotta Continua group, led by Adriano Sofri. See L. Marino, 'E Sofri mi disse' in

Panorama (18.10.1992) for an account of the murder. See also note 63 to the Introduction.

3 The title of the book first published by Samonà Savelli in 1970.

4 See passage covered by note 11 for the change of title.

5 The Leninist theory of the bourgeois state is explained in the following sentences of the note to the play. According to Lenin, the bourgeois state was not in need of correction but of abolition because in essence it was inimical to the workers.

6 See note 2. The last official document on the Pinelli case came out in 1975 written by judge Gerardo D'Ambrosio which absolved all those involved in the case with the exception of Allegra, who was in charge of the Milan police station at which the incident took place. He was accused of illegal arrest and abuse of power but these were offences covered by the amnesty in force at the time. This document is available in book form: A. Sofri (ed.), *Il malore attivo dell'anarchico Pinelli*, Palermo, 1996.

7 Via Coletta is south of the centre of Milan, near Stazione di Porta Romana. The *capannone* was a former workshop, adopted by Fo as a theatre.

8 The Flying Squad.

9 The best known of Bologna's theatres named after the distinguished Italian actress Eleonora Duse (1858–1924).

10 Fo here rehearses the ideas which the *matto* expounds at the end of the play.

11 Giangiacomo Feltrinelli, the left-wing publisher, was found dead, hanging from an electricity pylon in Segrate, near Milan, in March 1972. It is said that he blew himself up while attempting to attach explosives to the pylon.

146

Appendix 3 Dario Fo: extracts from an interview and a lecture

The following two extracts, taken from 'Anarchico Arlecchino', chapter 2 of Dario Fo, *Fabulazzo* (Milan, Kaos Edizioni, 1992), provide further information on Fo's views on the link between theatre and politics. The first (i), part of an interview given in 1971 after a performance of *Morte accidentale di un anarchico*, is a good example of the way Fo integrates two of his favourite thinkers, Gramsci and Mao Tse-Tung, into his vision of the purpose of theatre. Fo explains that the play about Pinelli has a larger purpose than the expression of outrage at the illegitimate death of a comrade; by the end of the play the argument opens out to include the death of workers who have received much less press coverage and calls into question a political system based on inequality and capitalism. The second (ii) comes from a talk given at a conference on culture ('Convegno sulla Cultura') at Palazzina Liberty in June 1974. Here Fo differentiates his method of theatre-making from what he refers to as the bourgeois, conservative theatre epitomised by Stanislavsky, whose concentration on the individual psyche of the characters is in direct opposition to the representational effect aimed at by Fo. This is achieved by deliberately breaking the 'magic of theatre' through the destruction of the 'fourth wall' of naturalistic theatre and the use of the 'aside' – when an actor comes out of character to comment on the action, a device used in popular medieval theatre. Fo's thinking on the practice of theatre-making is influenced by Brecht, whose notion of 'acting in the third person' he explains in this extract. Fo is careful to make a distinction between the rational involvement aimed at by his theatre from the kind of involvement sought by trendy 'Brechtians' who use devices (such as bringing actors into the auditorium) which disconcert the spectators rather than give them the opportunity to reflect on the action of the play.

(i) Dario Fo at Urbino, 1971

Ieri abbiamo visto il suo spettacolo su Pinelli, Morte accidentale di un anarchico. *Abbiamo notato la precisione con la quale lei ha dimostrato come in Italia attraverso il teatro ci sia la possibilità di denunciare queste cose. Come si potrebbe definire più precisamente questa funzione del teatro?*

147

Si può definire la funzione del teatro partendo dalla morte dell'anarchico che è legata a noi. L'eccesso di commozione del pubblico, la catarsi, la liberazione attraverso disperazione, rabbia, disprezzo, sdegno – queste sono le cose che vogliamo evitare. La nostra discussione comincia con un gioco che termina con la presa di coscienza, con una specie di rovesciamento. Fino a un certo punto lasciamo il pubblico nella convinzione che perseguiamo lo sdegno. Più tardi però ribaltiamo tutto. Con ciò vogliamo dimostrare al pubblico che le stesse ragioni che hanno portato all'assassinio degli anarchici operano ogni giorno sul posto di lavoro. È un'analogia grottesca, la mia, ma si pensi che ogni ora muoiono due operai sul posto di lavoro. Non ho mai sentito che in un processo sia stato condannato un padrone. Questi assassinii, questi assassinii bianchi, non portano il pubblico alla sofferenza, allo sdegno, alla disperazione. Nei confronti di un anarchico precipitato dalla finestra invece anche i democratici progressisti, la stampa, ecc., sono spaventati, arrabbiati e indignati.

Su questo spettacolo viene esercitata una censura? Potete darlo in teatri pubblici?
No, "La Comune" è un circolo privato, e possiamo fare gli spettacoli soltanto in circoli privati.

Questo non significa che potete rivolgervi solo a pochi? Il teatro corre perciò rischio di non poter rispondere ai compiti di cui lei ha parlato prima?
Per quanto riguarda il teatro italiano si verifica esattamente il contrario. Abbiamo oggi a Milano più di ventimila abbonati. Vuol dire che a Milano già ventimila persone hanno visto questo spettacolo. E c'è da tenere presente che l'anno scorso abbiamo avuto circa mezzo milione di presenze. Nessun teatro tradizionale e ufficiale, in Italia, ha tanti spettatori. Naturalmente ci vogliono molta pazienza e molta tenacia per raggiungere un simile risultato.

Lei crede davvero che il teatro possa essere impiegato come strumento nella lotta politica? E questo come "teatro puro" – con tutte le sue regole, la sua tecnica, i suoi studi, ecc.?
Dobbiamo partire dalla conoscenza della storia del teatro che è sempre stata mistificata. Parlando con i docenti o i professori delle scienze teatrali si scopre, nella maggioranza dei casi, che per loro il teatro sarebbe di origine aristocratica. La mancanza di conoscenza del teatro medievale, in quanto teatro popolare, ci dimostra che il teatro viene studiato e insegnato solo quando, per esempio in Italia, si forma in qualche modo una classe borghese e quando in Italia nasce la Commedia dell'Arte. Il teatro invece è il più vecchio e il più vivo

strumento di espressione del popolo. In Germania i bestiari, gli spettacoli dei cantori vaganti in Renania, in Francia e in Spagna durante le guerre dei contadini e durante le lotte – c'è sempre stato il teatro. I grandi filosofi italiani, i ribelli come Tommaso Campanella e Giordano Bruno, usavano lo spettacolo per comunicare. Il teatro, quindi, come strumento di diffusione delle idee destinate al popolo. Il teatro era la forma più diretta della diffusione. A Cuba, recentemente, ho conosciuto un regista vietnamita che mi ha spiegato perché i Vietcong usavano lo spettacolo come strumento più diretto di diffusione. Sanno che quando parlano con i contadini e si mettono le maschere, per esempio, di un americano o di un funzionario del regime di Saigon, ne ricavano una forza drammatica che si inserisce direttamente nella loro cultura.

[…]

Vorrei farle un'altra domanda sorta nella discussione in seguito allo spettacolo su Pinelli dell'altroieri sera. Qualcuno del pubblico le ha rimproverato di voler fare la rivoluzione attraverso il teatro. Che cosa dice a questo proposito?

Vorrei rispondere con Gramsci che dice: "Il teatro è uno strumento di espressione intrinseco al popolo", e cioè: il teatro è il suo strumento più vivo, più originale. Ha detto inoltre che il popolo senza cultura è una cosa amorfa. E il teatro è uno strumento per portare cultura, perché appartiene originariamente al popolo. Chi usa mezzi e strumenti per portare la cultura, e cioè conoscenza, compie già un lavoro rivoluzionario. Vorrei citare un'altra frase di Mao Tse-Tung nella quale dice soprattutto: "Se un uomo, che non ha cultura dentro di sé, si ribella, non diventerà mai un rivoluzionario. Rimarrà sempre un ribelle. Solo chi ha cultura sa dove vuole arrivare e sa che cosa significa la rivoluzione". E Mao dice inoltre: "Un uomo che rimane nello stato di ribelle è come un sacco vuoto. Quando durante la rivoluzione soffia il vento, egli si gonfia e appare rivoluzionario. Ma quando piove, e piove spesso sulla rivoluzione, quel sacco vuoto si bagna, l'avrai tra i piedi e cadrai. Non potreste mai fare la rivoluzione senza rivoluzionari. Ma attenzione ai ribelli! Ti fanno inciampare e sono loro i primi a distruggerla!". E questo si ricollega al discorso di prima: il dovere di ogni intellettuale è quello di di ricostruire la cultura del popolo che è stata rapita e falsificata per ridarla al popolo e farne lo strumento più alto, più progressivo della rivoluzione. E questo lavoro devi ripeterlo con le masse, senza fine.

(*Fabulazzo*, pp. 75–7)

149

(ii) Dario Fo on popular theatre at Palazzina Liberty, June 1974

L'esperienza delle "Case del Popolo" è stata importante, è stata una grossa esperienza. Ma siamo dovuti andare oltre. In seguito, avendo scelto di recitare anche in altri luoghi, spazi assolutamente antiteatrali come piazze, palazzetti dello sport, chiese sconsacrate, capannoni d'officina, abbiamo scoperto il problema di dover distruggere la "quarta parete".

[...]

Che significa la "quarta parete"? È quel momento magico determinato dalla cornice del palcoscenico che divide di fatto gli spettatori da chi recita. La quarta parete è soltanto questo spazio rettangolare? No, sono anche le luci di taglio, che creano una determinata atmosfera, i controluce, i velatini rosati e ambrati sui riflettori, sono le scenografie fortemente accidentate e il clima d'acquario in cui sono immersi attori e oggetti, è il trucco livido da cadavere sulle facce degli attori, è il loro gestire ed emettere voce con determinate cadenze cantate sussurrate o gridate a effetto per cui lo spettatore si trova nella condizione di un guardone a spiare una storia che non gli appartiene e che è appunto aldilà della quarta parete. Quindi una conoscenza intimista, naturalista o all'opposto metafisica del teatro. E come si distrugge la quarta parete?... togliendo il sipario?... così distruggi il momento magico dello stacco e crei il fatto della partecipazione per la sola ragione che hai tolto il sipario come fanno i brechtiani? Neanche per idea. Togliendo il sipario, togliendo il proscenio, o spostando l'azione dalla scena nel corridoio della platea, con gli attori che si siedono sulle ginocchia dello spettatore, gli sputano in un occhio, lo mettono nella condizione di sentire i loro sudori, i loro spruzzi di saliva, la loro voce dentro le orecchie, il fastidio oppure il piacere... È forse questo il distruggere la quarta parete?

Il teatro borghese ha la quarta parete, certo. Dice Stanislavskij che quando un attore recita deve fare in modo che il pubblico che sta ascoltando si trovi *par hasard*, per caso, lì... deve farlo entrare nello stato d'animo di non esistere in quel momento nella sala, fargli dimenticare la finzione scenica, farlo sentire come uno che viene a rubare una storia, un dramma di altri. E per arrivare a questo devi eliminare ogni "a parte".

Che cosa significa "a parte"? Significa quel mezzo di far partecipare il pubblico che viene da un teatro popolare... [...] L'"a parte" di tradizione popolare è quella situazione in cui l'attore dice, rivolto a un altro personaggio: "Lei cosa crede, che io abbia paura?", e rivolto al pubblico: "Credo che non abbia proprio paura di niente – speriamo che ci caschi in questa mia violenza", al personaggio: "Perché io sono capace anche di darle una coltellata!", e al pubblico: "Speriamo che non tiri fuori il coltello perché per la miseria mi tocca di scappare...". Tutto quello che è il secondo piano delle proprie considerazioni viene espresso direttamente.

Bene, questo "a parte" era diventato una forma letteraria, di comodo, in un determinato teatro borghese. All'origine l'"a parte" era la distruzione della quarta parete. Che cosa significa? Significa che nel momento in cui l'attore diceva a un altro attore qualcosa e immediatamente replicava il contrario al pubblico faceva il "commentario", *criticava* dal di fuori il personaggio stesso, si staccava razionalmente dal personaggio, insomma recitava epicamente... e perdippiù, rivolgendosi al pubblico, lo provocava... tanto è vero che l'uso dell'"incidente" per creare l'"a parte" era fondamentale in quel teatro...

Che cos'è "l'incidente" nel teatro popolare del Medioevo? Era l'espediente, per esempio, di introdurre in scena o in platea un cane, che si metteva a correre, scodinzolare, abbaiare e far casino buttando all'aria l'azione scenica... Serviva a fare in modo che l'attore, attraverso questo pretesto, avesse la possibilità di parlare col pubblico e rompere la quarta parete, perché quell'incidente gli permetteva di uscire, di distruggere il quadro in cui si raffigurava la scena. Così altri incidenti erano il bambino che piange, la lampada che si spegne... addirittura un principio d'incendio.

In the paragraphs that follow, omitted in this extract, Fo explains the development of the 'fourth wall' as the elimination of the 'aside' and attributes its origin in European theatre to Andreini, the famous commedia dell'arte *capocomico*, who in his desire to make theatre respectable told his players that they must forget their public and remember that they are acting in a theatre not a square, that they are actors, not strolling players. This is in direct opposition to what Brecht would later call acting 'in the third person'.

Che cosa significa? Significa che l'attore, invece di recitare, *rappresenta*. E che significa "rappresentare"? Significa andar continuamente in "a parte", cioè parlare sempre col pubblico, e per parlare col pubblico di quello che avviene l'attore deve per forza scomporsi, deve uscire dal personaggio, mediarlo, rappresentarlo, indicarlo. Questa è una funzione che non è soltanto mero estetismo. È il fondamento di una visione ideologica completamente diversa di fare il teatro, il cinema, di esprimersi con qualsiasi mezzo d'arte... [...] È il fatto di una cultura di classe da una parte, e di una cultura borghese e reazionaria dall'altra. Di una cultura pessimistica da una parte, e di una cultura che invece vuole realizzare il socialismo. Una cultura che parte da un'esigenza collettiva della partecipazione, cioè il coinvolgimento.

Coinvolgere non è quella stronzata che è venuta in mente a un sacco di ragazzini, cioè che coinvolgere il pubblico significhi saltargli addosso, metterlo nella condizione di disagio, andargli a montare sui piedi, recitare sdraiandosi sulla gente... Coinvolgere vuol dire un fatto razionale, che sennò non ci capiamo niente... Coinvolgere non sul fatto delle viscere per cui io riconosco i *miei* problemi, riconosco la *mia* crisi, riconosco le *mie* impossibilità, la *mia* impotenza, e allora siccome lo racconto, lo confesso a tante persone, allora faccio del teatro popolare... Ma neanche per idea.

Coinvolgere vuol dire... in quelli che sono i discorsi che si sviluppano a tutto lato, cioè la visione del mondo... il problema di distruggere una società e di costruirne un'altra diversa... non una condizione *mia*, per cui io sto meglio con altri perché insieme abbiamo trovato una nostra identificazione, perché questo non c'entra niente con il maoismo, non c'entra niente con il marxismo... questa visione ricade ancora in una posizione individualistica. (È un'operazione, quella che voglio fare, di carattere altamente provocatorio...)

Allora, quando siamo arrivati all'esigenza di distruggere la quarta parete, di arrivare a parlare di problemi collettivi, ci troviamo in completa alternativa rispetto alla preoccupazione di identificare l'attore al personaggio: *io* che sono l'attore e cerco di identificare, di trovare dentro me stesso tutti gli orpelli, tutte le viscere, tutti i miei difetti, tutte le mie qualità, per vestire poi di me stesso il personaggio... questo è proprio Stanislavskij, cioè la peggiore posizione reazionaria, conservatrice, borghese della storia. Ma se io cerco di creare invece la visione di una comunità, di un coro, di una comunione, evidentemente non mi preoccupo tanto di parlare di me stesso, ma dei problemi che sono collettivi. Se io cerco problemi collettivi, il mio discorso, il mio linguaggio... sarà diverso... e sarà obbligato a essere epico.

Ecco perché tutto il teatro popolare è sempre epico. Perché alla base c'è un fatto ideologico ben chiaro. C'è l'ideologia della comunità, della comunione degli interessi, che sono interessi sociali, interessi di vivere insieme, di produrre insieme, di dividere quello che si ottiene. Allora, di questo passo – e chiudo – noi siamo arrivati a determinate esperienze. Siamo arrivati a capire, per esempio, che non bastava fare degli spettacoli di rottura così, verticali, ma bisognava distruggere certe situazioni di dialogo... e abbiamo capito anche perché nel teatro medieval l'attore tendeva a presentarsi solo sul palcoscenico e costruire parecchi personaggi... Perché solo così poteva determinare con la propria presenza ripetitiva il momento appunto epico della rappresentazione, la coralità.

(*Fabulazzo*, pp. 80–2)

Appendix 4 Ed Vulliamy, 'In a sick and septic state'

The following is one of a number of articles written by Ed Vulliamy for *The Guardian* (27.07.93), when he was the paper's Italian correspondent. It provides an analysis of the Italian political scene from 1969 to 1993 and sets the Piazza Fontana bomb in Milan in the perspective of future events. Since July 1993, the old political party system has collapsed, the corruption scandals, popularly known as *tangentopoli*, have bitten deep into Italian civic and political life, and separatist movements in the form of the *leghe* have challenged the concept of united Italy. Ed Vulliamy's account remains, however, a succinct and cogent analysis of a tumultuous period of Italian history.

Every attempt at revolt or reform in Italy since the war has been met with a vicious wave of sudden, indiscriminate and invariably unpunished violence. The bombs which ripped through Rome and Milan during Tuesday night – and in Rome and Florence over past weeks – are a response to what this time is the most far-reaching of all those pushes for reform, one that has emerged from a remarkable 16 months of scandal and the arrest of an entire generation of power-brokers.

The latest outrage and the pledge from the authorities to bring the terrorists and criminals to heel are accompanied by the assumption in society at large – and the ready admission of most of the judiciary and police forces – that the perpetrators of the violence fester within, and not without, the state apparatus. The 'enemies of the state' are, judges and law-enforcers say, the state itself, the crimes that the authorities call 'destabilisation' are, rather, crimes of 'stabilisation' – as defined recently by the great anti-Mafia judge Antonino Caponnetto.

Such a devilish scheme is called the 'strategy of tension' whereby those seeking to put the brakes on change engineer violent social chaos fear and conditions of 'ungovernability' in the hope that a battered populus will seek cover in the old order, and look to an authoritarian hand to restore security.

Quite who these people are has been the great unanswered question – the blackest black hole – in post-war Italian history, although at last it seems that light may be beginning to shine in those nether regions. Decades of judicial inquiries, trial after trial, and volumes of investigative journalism have yet to point a conclusive finger and secure more than a handful of convictions that stick. (By sharp contrast, the ultra-left Red Brigades were smashed with awesome efficiency.)

But Italian politics is a labyrinth of havens for the secret opponents of change and the same old alliances keep recurring in successive investigations: the P2 Masonic Lodge, the secret services, the backroom schemers of the ruling political parties, the neo-fascists and the Mafia.

One axis after another of common interests is being laid bare by the 16 months of scandal and threatened – perhaps terminally – by the now irrepressible surge for democracy. If the pattern of the last 25 years is anything to go by, these interests become the inevitable prime suspects in what is gearing up to be a long, bloody scramble for power in Europe's least democratic democracy. Italy these days looks and feels more like a South America banana republic lurching towards some perverted civil war.

The regime of the Christian Democratic Party – masquerading as democracy but, as is now being shown, in reality based upon corrupt patronage, vote rigging and alliance with organised crime – ruled assuredly (despite a strong Communist Party) until the late 1960s, when the country was swept by industrial unrest and an explosive student revolt.

The response came quickly: a bomb in 1969 at the Piazza Fontana in Milan and another at Peteano, near Venice. Attempts to blame them on anarchists collapsed as a neo-fascist group, since linked to the secret 'Gladio Army' (organised by the secret services as part of a Nato operation), came under suspicion. One convicted neo-fascist Vincenzo Vinciguerra, has testified he was recruited by the Gladio Army to set off the Peteano bomb.

The years that followed saw another bomb in Brescia and the infamous train bombs in Tuscany in 1974. The revolt collapsed. Then came a surge in support for the reformed 'Euro-Communist' PCI, and the overture to the communists by Christian Democrat president Aldo Moro, inviting them into government. On the day he was to inaugurate the alliance, Moro was kidnapped by the Red Brigades and left to die by his own party leadership in an episode which has since haunted Italian politics. It has been revived with remarkable accusations that Christian Democrat leader Giulio Andreotti was involved in ordering the murder of General Carlo Alberto Dalla Chiesa, in charge of the anti-Red Brigades crackdown, and a journalist who had been leaked Moro's declarations to his captors about his own party.

The 'historic compromise' with the communists was finally buried by the horrific bomb attack on the crowded waiting room at Bologna station at the weekend of the August holiday exodus in 1980, killing 82 people. The reformist drive continued, however, and in 1983 the Socialist Party –

then still a force of the centre-left – was admitted into the government coalition as the Christian Democrats failed for the first time to command parliament. The 'opening to the left' (as it was misguidedly called – for the Socialists quickly adapted to the regime) was met with another wave of violence. The year 1984 was another of train bombs, notably the one on Christmas Eve which blew up an express train in Tuscany, killing 16. A consortium of the Camorra, the Mafia, neo-fascists and the P2 was convicted but subsequently acquitted on appeal by Judge Corrado Carnevale – who is now accused of criminal Mafia association and of working with Andreotti to secure soft handling of Cosa Nostra leaders.

The years to 1991 were marked by the decline of the Communists and almost absolute power for the five-party coalition – until the sudden, still raging, hurricane of change which followed the fall of the Berlin wall and pitched an educated, radical judiciary and an exasperated police force against every pillar of Italian power.

The recent scandals have laid bare a terrifying regime. They have exposed the kick-back system, sought out hidden fortunes in Swiss banks, formally linked the men who have ruled for a generation to the Mafia and Camorra drug syndicates – in short, an attempt to completely re-draw the political map. Behind the scenes, the US drug enforcement agencies – no longer needing the Christian Democrats as a bulwark against communism – have priorities to facilitate the first serious offensive against the Mafia. The judges, not the political puppet-masters, are calling the tune for the first time.

Although the anti-Mafia judges Giovanni Falcone and Paolo Borsellino were executed last year, few believed that Italy would suffer a return to all-out war on civil society. But the five bombs since that in Rome's Via Fauro at the end of May seem to be launching the most determined backlash of all.

In the aftermath of the explosion at the Florence Uffizi gallery in May, there was debate between investigators in Tuscany and in the capital, with Roman authorities pursuing Mafia and criminal trails and the Florentines insisting that Italy was once again hostage to the 'strategy of tension' by an alliance of interests at the heart of the old regime. The debate was accompanied by the emergence of alleged secret service involvement in the Falcone and Borsellino assassinations.

Rome has been the target of three bombs in as many months, plus one which failed to explode. They come on the eve of the trials of such figures as Andreotti and his lieutenants, Paolo Cirilo Pomicino and Antonio Gava; just as the secrets of post-war Italy are about to be revealed and months before an election which commentators say can only bring about the end of Italy's post-fascist First Republic.

No one in Italy – except a handful of old guard polemicists still clinging to power – doubts any longer that the defence of the First Republic and all that it stood for is now under way, using the only tried and tested methods it knows.

References and Suggested Reading

(specially recommended texts are marked with an asterix)

Texts of *Morte accidentale di un anarchico*

D. Fo, *Le commedie di Dario Fo*, VII, Turin, 1974.
*Collettivo Teatrale La Comune, *Compagni senza censura*, 2, Milan, 1973
D. Fo, *Accidental Death of an Anarchist*, adapted by Gavin Richards from a translation by Gillian Hanna, London, 1987.
D. Fo, *Accidental Death of an Anarchist*, adapted by A. Cumming and T. Supple, London, 1991 (cited as Cumming and Supple in the Notes to the Text).
D. Fo, 'Accidental Death of an Anarchist', translated by E. Emery in *Plays: One*, London, 1994 (cited as Emery in the Notes to the Text).

Secondary texts

S. Anderlini, 'Franca Rame: Her Life and Works', *Theater*, 17(1), 1985, pp. 32–9.
Aristotle, *Poetics*, tr. S. Halliwell, Cambridge, Mass. and London, 1995.
E. Artese (ed.), *Dario Fo parla di Dario Fo*, Cosenza, 1977.
M. Banham (ed.), *The Cambridge Guide to Theatre*, Cambridge, 1992.
E. Barba, *A Dictionary of Theatre Anthropology*, London, 1993.
E. Bentley, *The Life of the Drama*, London, 1965.
*L. Binni, *Attento te...!*, Verona, 1975.
*M. Cappa and R. Nepoti, *Dario Fo*, Rome, 1982 (with excellent illustrations).
G. Capra, *Mio marito il commissario Calabresi: il diario segreto della moglie, dopo 17 anni di silenzio*, Milan [1990].
*C. Cederna, *Pinelli, una finestra sulla strage*, Milan, 1971 (cited as Cederna in Notes to the Text).
C. Cederna, 'La sentenza su Pinelli: Ma quella finestra è rimasta aperta', *L'Espresso*, 18.03.1975.
F. Cherubini, *Vocabulario Milanese-Italiano*, Milan, 1839.
M. Clark, *Modern Italy, 1871–1995*, London and New York, 1996.
R. W. Corrigan, *Comedy, Meaning and Form*, Scranton, Pennsylvania, 1965.
S. Cowan, 'The Throw-Away Theatre of Dario Fo', *The Drama Review*, 19(2), June 1975, pp. 102–13.
*S. Cowan, 'Theatre, Politics,and Social Change in Italy since the Second World War', *Theatre Quarterly*, 7(27), 1977, pp. 25–38.
F. M. Crawford, *Gleanings from Venetian History*, II, London, 1905.
E. De Luca and O. Bompressi, 'Lettere', *MicroMega*, October 1996.
U. Eco, 'Ur-Fascism', *The New York Review*, 22.06.1995, pp. 12–15.
*D. Fo con L. Allegri, *Dialogo provocatorio sul comico, il tragico, la follia e la ragione*, Rome-Bari, 1990.
*D. Fo, *Fabulazzo*, Milan, 1992.
D. Fo, *Manuale minimo dell'attore*, Turin, 1987.

D. Fo, *Plays: Two*, London, 1994.

D. Fo and F. Rame, 'Theatre Worshops at the Riverside Studios', *Red Notes*, June 1983.

D. Fo, 'Dario Fo à Vincennes', *Cahiers du cinéma*, 250, May 1974, pp. 13–25.

L. Franchi, V. Feroci and S. Ferrari, *I quattro codici*, Milan, 1992.

B. Freedman, 'Errors in Comedy: A Psychoanalytic Theory of Farce', in *Shakespearian Comedy*, ed. Maurice Charney, *New York Literary Forum*, 5–6, New York, 1980, pp. 233–43.

*P. Ginsborg, *A History of Contemporary Italy, Society and Politics 1943–1988*, London, 1990.

P. Ginsborg (ed.), *Stato dell'Italia*, Milan, 1994.

S. Gundle and S. Parker (eds.),*The New Italian Republic*, London and New York, 1996.

*D. L. Hirst, *Dario Fo and Franca Rame*, Basingstoke and London, 1989.

H. E. Holthusen, 'Brecht's Dramatic Theory', in P. Demetz (ed.), *Brecht, A Collection of Critical Essays*, Englewood Cliffs, N.J., 1962, pp. 106–16.

R. Jenkins, 'The Roar of the Clown', *The Drama Review*, 30(1), 1986, pp. 171–9.

J. Joll, *Gramsci*, Glasgow, 1977.

'Lotta continua: lettere da un processo', *Corriere della Sera*, 1.10.1996, p. 21.

*R. Lumley, *States of Emergency, Culture of Revolt in Italy from 1968–1978*, London, 1990.

*R. Lumley, *Italian Journalism: A Critical Anthology*, Manchester, 1996.

S. R. Marengo (ed.), *Enciclopedia Garzanti del diritto*, Milan, 1993.

L. Marino, 'E Sofri mi disse…', *Panorama*, 18.10.1992.

L. Marino, *La verità di piombo*, Milan, 1992.

*C. Meldolesi, *Su un comico in rivolta: Dario Fo il bufalo il bambino*, Rome, 1978.

C. Meldolesi, *Fondamenti del teatro italiano: la generazione dei registi*, Florence, 1984.

J. Milner Davis, *Farce*, London, 1978.

J. Orton, *The Complete Plays*, London, 1988.

'Per un convegno sul nuovo teatro', *Sipario*, 21(247), November 1966, pp. 2–3.

P. Piccolo, 'Farce as the Mirror of Bourgeois Politics: *Morte accidentale di un anarchico*', *Forum italicum*, 20(2), 1986, pp.170–81.

P. Puppa, *Il teatro di Dario Fo: dalla scena alla piazza*, Venice, 1978.

Franco Quadri, *L'avanguardia teatrale in Italia*, Turin, 1977.

B. M. Ribetto, *Educazione civica*, ed. G. L. Solfaroli Camillocci, Turin, 1983.

M. Rusconi, 'Gli scrittori e il teatro', *Sipario*, 20(229), May 1965, pp. 2–14.

*G. Savelli (ed.), *La strage di stato: controinchiesta*, Rome, 1977 [1970] (cited as *La strage di stato* in Notes to the Text).

P. Scaramucci, *Licia Pinelli, una storia quasi soltanto mia*, Milan, 1982.

A. Sofri (ed.), *Il malore attivo dell'anarchico Pinelli*, Palermo, 1996.

F. Spotts and T. Wieser, *Italy, A Difficult Democracy*, Cambridge, 1986.

S. Strano, 'Siamo alle solite – come 30 anni fa', *Epoca*, 20.11.94, pp. 34–40.

S. Tarrow, *Democracy and Disorder, Protest and Politics in Italy, 1965–1975*, Oxford, 1989.

L. Trezzini, *Geografia del teatro*, Rome, 1977.

C. Valentini, *La storia di Fo*, Milan, 1977.

C. Vicentini, *La teoria del teatro politico*, Florence, 1981.

E. Vulliamy, 'In a Sick and Septic State', *The Guardian*, 27.07.1993.

J. Willett (ed.), *Brecht on Theatre*, London, 1964.

*J. Wing, 'The Performance of Power and the Power of Performance: Rewriting the Police State in Dario Fo's *Accidental Death of an Anarchist*', *Modern Drama*, 22, March 1990, pp. 139–49.

W. Young, *The Profumo Affair*, Harmondsworth, 1963.

Vocabulary

The Italian words listed below constitute a vocabulary for the text of the play, the notes to the text, and the appendices; the English rendering is limited to the meaning of the word in context. This vocabulary, therefore, is not a substitute for a dictionary.

abbacchiato   downhearted, wretched
abbassare   to lower; to put down
abbassarsi   to duck
abbattere   to bring down, to knock down
abbattersi   to lose heart
abbattuto   depressed
abbonato   subscriber
abbracciare   to embrace, to hug
abusare   to take advantage of
abusivo   unauthorised (e.g. taxi driver)
abuso   misuse
accaduto, raccontare l'   to describe what happened
accasciarsi   to flop down
accendere   to switch on; to light
accendino   lighter
accennare   to indicate
accennare a   to make as if
accertare   to check
accidentato   lively, exciting
accidenti!   gosh!
accingersi   to set about (doing something)
accoltellare   to knife
accontentarsi   to put up with
accordare   to grant
accorrere   to rush
accorso (*noun*)   passerby, person who comes to see
accovacciarsi   to crouch down
acuto (*noun*)   high note
addirittura   even, completely, absolutely
adesso adesso   just now
adirato   angry
adoperare   to use
affacciarsi   to appear

affermare   to declare
afferrare   to grasp, to grab hold of
affibbiare   to give (a blow), to hit
affidare   to entrust
affiggere   to post up, to pin up
affisso (*noun*)   poster
affittare   to rent
affollare   to flock, to crowd
affossare   to ditch, to bury
agente (*m*)   policeman
agganciare   to hook
aggiungere   to add
aggredire   to attack
agrario (*noun*)   agricultural worker, landowner
aiuola   flowerbed
aizzare   to set (a dog) on someone, to incite
aldilà   beyond
alle corde   with one's back against the wall
allegato   attached document
allestire   to stage
all'improvviso   suddenly
allocchito   amazed, stunned
allucinazione (*f*)   hallucination
altalenare   to swing
alterazione (*f*)   change
altezza   height, level
amareggiare   to upset
ambiente (*m*)   area, environment
ambrato   amber-coloured
ammalato (*noun*)   sick person
ammanettare   to handcuff
ammazzare   to kill
ammazzare a bastonate   to beat to death
ammettere   to admit

ammiccare   to wink
amorfo   shapeless, amorphous
ancorché   even if
andare a meraviglia   to suit perfectly
andare di mezzo   to suffer for
andare di traverso   to go the wrong
   way (of food, smoke)
andare in bestia   to fly into a rage
andare in macchina   to go to print
andare in pensione   to retire
anello   link
anellone   huge ring
angoscia   anguish
anima   soul
animo   mind
annegare   to drown
annegato (*noun*)   drowned person
ansia   anxiety
anta   shutter
antefatto   prior event
antica, all'   old-fashioned
anticipare   to put forward
anticipo   forethought, anticipation
   in anticipo   early/fast (of watch)
anziano   old
appartenere   to belong
appendere   to hang
appioppare   to give (a slap)
appoggiare   to put, to place
appoggio   support; contact
apposito   appropriate, relevant
appresso (*adv*)   afterwards
appresso a (*prep*)   close to
apprestarsi   to get ready, to prepare
approfondito   thorough
appropriazione indebita   embezzle-
   ment
appuntato (*noun*)   corporal
appunto   precisely, exactly
aquila   eagle
Arabia Saudita   Saudi Arabia
archeologo   archeologist
archiviare   to shelve
argomentazione (*f*)   remark, reasoning
arguire   to deduce, to infer
armeggiare   to rummage
arrabbiarsi   to become angry
arrestare   to arrest
arrestarsi   to stop

articolarsi   to be divided into
artificiere (*m*)   explosives expert
artritico (*adj*)   arthritic
artritico (*noun*)   someone who suffers
   from arthritis
assassinio   murder, assassination
assassino   murderer
assente   absent
asserire   to assert
assicurare   to assure
assistere a   to attend
asta   pole
attaccapanni (*m*)   clothes stand
attendibile   reliable
attenersi a   to keep to
attentato   terrorist attack
attenti, stare sull'   to stand at attention
attimo   moment
attonito   astonished
attualizzazione (*f*)   realisation, staging
austero   austere
autoambulanza   ambulance
autolettiga   ambulance
avanti   fast (of watch)
aversela a male   to take it badly
avvalersi di   to take advantage of
avvenire   to happen
avvento   coming
avventore   customer
avventuristico   slaphappy
avvertire   to warn
avvicinarsi   to approach
avvocato   lawyer
avvolto   wrapped
avvoltoio   vulture
azionare   to activate
azionista (*m/f*)   shareholder
azzardare   to dare; to venture to say
azzeccarci   to get it right

baciare   to kiss
badare a   to pay attention to
baffo   moustache
bagnarsi   to get wet
bagno (bagnino) penale   penitentiary
balistica   ballistics
balla   tall story, lie, load of nonsense
banchiere (*m*)   banker
banderillero   bull fighter's assistant

bandiera flag
barca boat
bardato dressed up, decked out
barocco baroque
base, alla at its foundations; from the
  bottom
basetta sideburn
bastardo (*adj*) spurious, false
bastardone (*m*) huge mongrel
bastonare to beat (up)
bastone (*m*) stick
battersela to run away, to make off
battibecco quarrel
battuta line (in a play, conversation),
  quip
bazzicare to haunt, to visit frequently,
  to hang out
beccare to catch
becero vulgar
bello (*noun*) finest point, the best
bello, sul piú at the right moment
bendare to bandage, to cover
benedettino Benedictine
benemerito well deserving
bere to drink, to swallow
bergamasco Bergamasque
bersagliere (*m*) member of rifle
  regiment
bestiale bestial, wretched
bestiario bestiary
biblioteca library
bidone (*m*) dirty trick
biglia marble, billiard ball
biri(c)chino little rascal
bleffare to bluff
blindato armoured
bloccare to stop, block
block notes notepad
bocciato, essere to fail
bonario good-natured
borbonico Bourbon
borghese, in in civilian clothes
boria overbearing manner, arrogance
borsa bag; Stock Exchange
boscoso thick
botanico botanist
botto blow
bottone button
bozza draft

breviario breviary
broncio, tenere il to sulk
bruttino plain
buco hole
buffettare to tap lightly (on the face)
buffetto light tap (on the face)
bugiardo liar
buio darkness
bulbare bulbous
bumpete! whoops!
burlone (*m*) joker
buttare to throw down
buttare all'aria to turn upside down
buttarla sul melodrammatico to try
  to make a drama out of it
buttarla sul ridere to try to laugh it
  off
buttarsi to throw oneself, to jump

cacciaballe story spinner
cacciare to chase away, to turn out; to
  stuff
cachet (*m*) pill, medicine
caciara, fare to make a din/racket
cadavere corpse
cadenza intonation
caduta fall
calcetto small kick
calciofosfato calcium phosphate
caldo, a in the heat of the moment
calembour pun
calmante sedative
caloscia galosh
calzare a pennello to fit like a glove
cambio di scena scene change
cameratismo camaraderie
camicia di forza straitjacket
camminare a testa alta to walk with
  one's head held high
camminata walk
campagna campaign
campeggiare to stand out, to be
  prominent
camuffato disguised
cancelliere (*m*) registrar
cantare to sing
canticchiare to sing to oneself
cantore singer
capannone (*m*) hangar, shed,

workshop
capire l'antifona to take the hint
capitare to happen
capo d'accusa charge
capo questore chief of police
capovolgere to turn upside down, to
overturn
cappellano chaplain
cappellone (*m*) **a tubo** huge top hat
cappotto overcoat
capuano from Capua
carabattola trifle, pl. junk, odds and
ends
carica office, appointment
caricare to load; to exaggerate
carità, per for Heaven's sake
carogna swine, bastard
carta di presentazione business card,
visiting card
cartella folder, briefcase
cartello placard
cartoccio paperbag
cartone (*m*) poster
cascarci to fall for it
cascare to fall
casco helmet
casella post office box number; pigeon
hole
casino shambles; fuss, noise, uproar
cassa container
cassazione, corte di Supreme Court
cassetta box
catapulta catapult
catarsi catharsis
catena, alla at the assembly line
cattedra, essere in to lay down the
law
cazzotto punch
cellulite (*f*) cellulitis
cenno gesture
censura, mettere to censure
centralino switchboard
cerotto plaster
cesso bog
chiacchiere (*fpl*) chatter
chiappa buttock
chiarire to explain, to clear up
chiave (*f*) key
chirurgo surgeon

chiudere to close, to finish
ciancia gossip, idle talk
cigolio screech, squeak
cinematografaro film maker
cinturino strap
circo circus
circolo club
circonvicino neighbouring
cittadino citizen
civile civil
clamoroso sensational
clascon car horn, hooter
classismo class consciousness
claudicante lame
clima (*m*) climate
codice penale (*m*) penal code
coincidere to match
coinvolgimento involvement
collaboratore (*m*) colleague
collare (*m*) collar
colletto collar (of shirt, coat)
colonnello colonel
colpa fault
colpetto tap
colpevole guilty
coltellata knife wound
coltello knife
combinare to arrange, to be up to, to
put together
combriccola gang
comicità comic quality, funny side
commissario police superintendent
commoversi to be moved, to be
touched
commozione emotion
comodità comfort
comparsa extra, bit part player
compiere to perform, to carry out
compito task
complessivo total
comportarsi to behave
compromettere to compromise
concime manure, fertiliser
concorso complicity
condanna sentence
condannare to condemn, to sentence
conferenza stampa press conference
confidente informer
confinario, guardia

163

confinaria frontier guard; internment guard
confino forced residence
congegno a tempo timing device
conoscenza knowledge
consapevolezza consciousness, awareness
consegnare a to hand (over) to
consigliare to advise
consuetudine (*f*) habit
consulente (*m/f*) consultant
consunto worn out
contadino peasant
contagiare to infect
contegno, darsi un to strike an attitude
contenzione constriction
contestazione objection
contrattacco counter attack
controinchiesta counter investigation
controinformazione (*f*) counter information
controluce (*m*) backlight
contropiede, prendere in to catch off balance
controprova counter evidence, verification
convalidare to confirm, to ratify
convinto convinced
convinzione (*f*) conviction
copione (*m*) script
cordoglio sympathy (for death)
cordone (*m*) girdle
cornetta receiver (of telephone)
cornice (*f*) frame
cornicione (*m*) cornice
corona crown
corpo di guardia guard
corrente (*f*) **d'aria** draught
corrente (*f*) **del golfo** gulf stream
corrente, al up to date, in the know, well-informed
corridoio della platea theatre aisle
corso course
corte di cassazione Supreme Court
cortile (*m*) courtyard
coscia thigh
coscienza consciousness
cosí in such a way

costringere to force, to compel
creare to create
credito respect
credulone gullible
crepare to die, to kick the bucket
crisi (*f*) attack, crisis
crollare to collapse
crollo psicologico psychological collapse
cronista (*m/f*) reporter

d'accordo agreed
dabbenaggine (*f*) simplemindedness
d'altra parte on the other hand
danno damage, harm
dare a bere to take in, to deceive
dare nell'occhio to be eye catching, to attract attention
dare retta a to pay attention to; to believe someone
dare troppa corda a to give too much leeway
dattilografo typist
davanzale (*m*) windowsill
davvero truly
debutto opening night (of play)
decenza, parlando con speaking with respect
decomporre to decompose
decretare to decree
decreto d'archiviazione lit. decree to file, case dismissed
defenestrare to throw someone out of the window
deficiente (*m/f*) mentally handicapped; idiot
deglutire to swallow
delinquente (*m/f*) criminal
delittuoso criminal
dentro inside; in prison
denuncia indictment
denunciare to report
deporre to give evidence
deposizione (*f*) evidence
deputato deputy
detersivo detergent
detonatore (*m*) detonator
dettare to dictate
dialettica dialectic

dibattito   debate
dichiarare   to announce, to declare
dichiarazione (f)   declaration
di colpo   suddenly
diga   dam
dinamitardo (adj/noun)   dynamite; person who plants a bomb
diniego   refusal, denial
dirigente (m/f)   manager
dirimpettaio   person opposite
disagio   unease, discomfort
disfarsi di   to fall to pieces
disgrazia   bad luck, misfortune
disgraziato   wretched man
disgustato   disgusted
disimpegno   lack of commitment
disinnescare   to defuse
disinnescato   defused
disintasato   unblocked, cleared
disordini (mpl)   riots, unrest
disperata, alla   desperately
disperato   desperate
disperazione (f)   despair
dispiacere   to be sorry
disprezzare   to despise
disprezzo   contempt
distorto   distorted
distrarre   to distract, to divert
distrarsi   to let one's mind wander
distribuire   to distribute
distruggere   to destroy
distrutto   destroyed
ditta   firm
divertente   amusing
che divertente!   what a joke!
divertire   to amuse, to entertain
divulgare   to give out, to divulge
docente (m/f)   teacher, university lecturer
dolcevita   rollneck (sweater)
doloso   harmful
incendio doloso   arson
dotato   gifted
droga   drug
duraturo   long lasting

ebbene   well then
ecatombe (f)   massacre
ecchimosi (f)   bruise

eccome! [e come!]   certainly!
edile (m)   builder
effettuato   made, executed
eleggere   to elect
elencare   to list
elogiato   praised
eminenza   eminence, cardinal
emozionato   excited, moved
ennesimo   nth, umpteenth
equivoco   misunderstanding, mistake
erbivoro   vegetarian
ergastolo   life imprisonment
ermellino   ermine
esaltare   to encourage, to excite
esaltazione paranoica   paranoid excitement
esaurirsi   to run out, to dry up
esclamare   to exclaim, to shout
eseguire   to carry out, to execute
espediente (m)   expediency, devise
esplodere   to explode
esplosivo   explosive
esporre   to expound, to set forth
esterefatto   terrified
estetismo   aestheticism
estrarre   to extract, to take out
evviva …!   long live …!

fabbrica   factory
fabbricare   to make, to manufacture
faccia da funerale   long face
facciata   facade
falò   bonfire
falsare   to distort, to falsify
falsario   forger, counterfeiter
fandonia   tall story, rigmarole
fantasia   imagination
far fuori   to kill
farcela   to make it
non ce la faccio più   I can't go on any more
fare caso   to notice, to take into account
fare il fesso   to play the fool
fare il furbo   to be clever/smart
fare l'impossibile   to do one's utmost
fare morire   to kill
fare scherzi   to play the fool
fare testo   to hold good

farla finita to have done with, to put an end to
farla grossa to do something very stupid
farmacia chemist's shop
farsi un po' di buon sangue to cheer up
fastidio annoyance
fattaccio foul deed
fedina police record
ferita injury
fermare to arrest
ferro iron
ferroviere railwayman
fesso idiot, fool
festante joyful
fiala phial
fiato, mancare il to be out of breath
fidarsi to trust
fiducia trust
fila row, line
filo wire
fingere to pretend
finto false
finzione scenica theatrical illusion
fior (*m*) **di** loads of
firma signature
firmare to sign
fogna sewer
folle crazy, mad
forca, fare la forca a to do the dirty on
formicolio pins and needles, tingling
fornaretto baker's boy
forza! come on!
fraintendere to misunderstand
fra l'altro among other things
franare to collapse, to give way
frastornato stunned
frattempo meantime
frattura fracture
fregare to deceive, to trick; to pinch, to steal
fregarsene (not) to give a piss, (not) to be bothered
fregato, siamo fregati! we've had it!
frenare to brake, to put on the brakes
fresco, di recently
frizione (*f*) massage

frontespizio title page
frottola story, fib
funzionare to work, to function
fuoco di fila volley
fuori gioco out of the running, outside the system
furbacchione (*m*) cunning bastard
furto aggravato robbery with violence

galera prison
galla, a on the surface
gas nervino (*m*) nerve gas
gattoni on all fours
gengiva gum
gesticolare to make gestures, to gesticulate
gestire to organise, to manage
gestire (*m. noun*) gesticulation
gesto action, gesture
gestore (*m*) manager
gesuita (*noun/adj*) Jesuit, Jesuitical
gettarsi to rush
ghermire to grasp
già formerly, already
giallo detective story
ginocchio knee
giocare a carte scoperte to put one's cards on the table
giocare alle carte to play cards
giocherellare to play, to fiddle
giornale newspaper
gira e rigira whatever is said
girare to go round
giro round
girocollo crew neck (sweater)
giudice judge
giudice revisore investigating judge
giudiziario legal, judicial
giurare to swear
giustificazione note of excuse
giustiziere (*m*) executioner
giusto right
gluteo buttock (*lit.* gluteus, muscle in the buttock)
gnorri, fare lo to play the fool
gola, fare gola a to excite, to tempt
goloso greedily, eager[ly]
gomitata nudge
gomito, dare di to nudge

gonfiare to swell
gonfiarsi to swell up
gradire to welcome
graffettatrice stapler
gran che, granché a lot, much
grane, avere delle to have problems/
  trouble
grasso (*adj/noun*) fat
gratifica bonus
grattare to scratch
gratuito unfounded, gratuitous
grinta determination
grinza, non fare una to be faultless
grosso, fare grosso to exaggerate, do
  something silly
grossolano crude, stupid
grossomodo in the main
guai se there will be trouble if
guaio problem, nuisance, fix
guanto glove
guardia guard, policeman
guardiano di macchine car park
  attendant
guardone (*m*) peeping Tom, voyeur
guercino boss-eyed
guscio shell
gusto pleasure

ignoto anonymous, unknown person
illazione (*f*) deduction
imbalsamato embalmed
imbestialirsi to fly into a rage
imbestialito furiously angry
imbragato involved; hot and bothered
immancabilmente certainly,
  inevitably
impacciato embarrassed, ill at ease
impalato stiff as a post
impaludato decked out
impapocchiarsi to get muddled
impazzire to go mad
impegno commitment
imperterrito unperturbed
imperturbabile calm, unruffled
impiccio trouble, mess
imporre to force, to oblige
importare to matter
imposta shutter
improvviso sudden

imputare to attribute
inanimato lifeless
inaspettato unexpected
inattaccabile unassailable
inattendibile unreliable
incaricato delegate
incartamento document, file
incartapecorito shrivelled (like
  parchment)
incastrato blocked, trapped, caught
incatenare to chain (up)
incazzato pissed off
incendiare to set fire to
incendio fire
inchiesta investigation, inquiry
inciampare to trip up
incidente (*m*) accident
incollerito enraged
incolpare to blame
incombente impending
inconfutabile irrefutable
incorrere to incur
incosciente irresponsible, thoughtless
incriminare to incriminate, to indict
indecifrabile incomprehensible
indegno unreliable, unworthy
indietro slow (of watch)
indignarsi to be/become indignant
indispettito annoyed
indiziato suspect
indizio evidence
indole (*f*) nature, character
indovinare to guess
indubbio certain
indurre to encourage, to lead
industriale (*m/f*) industrialist
infilare to thread; to slip on (shoes,
  coat)
informarsi to enquire
inganno deception
ingegnere engineer
ingessare to impede, to render
  motionless
ingiuria abuse, insult
ingiusto unjust
ingoiare to swallow
ingresso entrance
iniezione (*f*) injection
innervosire to irritate, to get on

167

someone's nerves

innescare to set, to prime (of explosive)

inquilino tenant

insaputa, alla sua without their knowledge

inserirsi to become part of

insofferente impatient

insofferenza impatience

intaccare to harm, to affect

intento intention

intervenire to intervene

intervento intervention

intervista interview

intrallazzo machination

intravvedere to glimpse

intrecciato intertwined

intuire to realise

invalido invalid

invariato unchanged

ipocritomaniaco someone with a mania for acting

irascibile tetchy, hot tempered

irriverenza irreverence, lack of respect

irruenza impetuousness, rush

isolamento solitary confinement

istigazione (*f*) incitement

istruttoria in corso current judicial enquiry

lamentarsi to complain

lampada al quarzo quartz lamp

lancio violent throw

lapalissiano evident, obvious

larva ghost

lasciar correre not to insist

latitante, darsi to avoid arrest, to abscond

laurea degree

laureare to graduate

lazzo joke, gag

leccare to lick

legarsi to be linked to

legiferare to legislate

lente (*f*) lens

lenza fishing line; crafty fellow

lesione (*f*) lesion, injury

lettighiere (*m*) stretcher-bearer

leva lever

liberarsi to free oneself

liberatore (*adj*) liberating

liberatorio liberating

libretto clinico clinical record

licenziamento dismissal, sacking

licenziare to dismiss, to sack

linciare to lynch

lite (*f*) quarrel

livido livid

lotta struggle

lotta sindacale trade union struggle

lumaca snail

lungo, a for a long time

lustro shiny, polished

macchina, andare in to go to press

magari even

magia magic

maglione (*m*) sweater

magnetofono tape recorder

maldestro clumsy

maledetto damned

maleducato ill-mannered person

malfermo poor (health)

malignità spiteful remark

maligno malicious

malore (*m*) sudden illness

malridotto run down, in a bad state

manata slap

mancare to be missing;

 sentirsi mancare to feel faint

manco (not) even

mandante (*m/f*) leader, boss, instigator

maneggiare to handle

maneggio plot

manetta handcuff

mania mania

manicomio lunatic asylum, madhouse

manifestazione demonstration

mano, a by hand

mano, a portata di handy, near to hand

mano-libera free style

manovratore (*m*) **delle ferrovie** railway worker, shunter

manrovescio backhanded, with the back of the hand

mantellina cape

mantenere to maintain, to keep
marcia march
marcio (*noun*) corruption, rotten part
maremoto seaquake
mascalzone (*m*) scoundrel
mascella jaw
maschera mask
maschio (*adj*) masculine, male
massacrato massacred
massacro massacre
massaggiarsi to rub
mastino mastiff
mazza di legno mace
mazzata heavy blow
mazzo bunch
medaglia medal
mediare to mediate
mellifluo, un fare an ingratiating manner
menomato disabled
mentire to lie
mento chin
menzogna lie
meraviglia, a perfectly
meravigliarsi to be surprised
merda shit
mestiere job, profession
mettere fuori legge to make illegal
mettere in dubbio to doubt, to question
mettere in piedi to set up
mettere sotto accusa to indict
mettersi male to go badly
mezzo means; middle
 esserci di mezzo to be involved in it
mica at all
miliardo billion
milite ignoto unknown soldier
millantatore braggart
mimare to mime
minacciare to threaten
minatore (*m*) miner
minimizzare to minimise
ministero degli interni Home Office
miope short-sighted
miseria, per la miseria damn it!
mistificatore hoaxer
misurare to weigh, to mind (words)
molla, a clockwork

mollare to let go, to let slip
mollare una pacca to give a slap
monocorde monotonous
monsone (*m*) monsoon
montare to mount, to set up, to build up
mordere to bite
morente dying
morsicare to bite
morte, a mortally
mortificare to humiliate
morto di fame poor wretch, down-and-out
mostra, in on show, visible
motivazione (*f*) justification
moto movement, gesture
moto di tosse fit of coughing
motto motto
mugugno grumble
muso face, muzzle
musone gloomy
mutilato war wounded, cripple
mutua health insurance
mutuato contributer to health insurance scheme

nastro tape
naviglio canal
nebbia fog
nemico enemy
nervi, su di tense
nevrastenico *lit.* neurasthenic; nutcase
nient'affatto! not at all!
nitroglicerina nitroglycerine, explosive
noce walnut
nonché let alone, as well as
noncuranza lack of attention
nonostante notwithstanding, despite
nostrano home-grown
nuca nape of the neck
nuocere to harm
nuotare to swim

occasione (*f*) opportunity
occhiata glance
 dare un'occhiata to glance, to take a look
offendersi to take offence

oltre beyond

oltretutto undoubtedly, first and foremost

opera di disturbo, fare to stir, to make trouble

operaio worker

opposto opposite

orario timetable, time

ordigno device, contrivance

ordine order, rank

ormai by now

ornato (*n*) decor and design

orologio marcatempo timekeeping clock (in factory)

orpello decoration, false appearance

orripilarsi to be horrified

ossequioso obsequious, ingratiating

osso bone

osteria tavern, inn, pub

ottenere to obtain

ovvio obvious

pacca slap

pace (*f*) peace

padronale principal

padrone (*m*) boss

palazzo di giustizia law court

palcoscenico stage

palese obvious, clear

"pallone", essere nel to be confused

palpebra eyelid

pantofolaio easy going, loafer

papalina skullcap

pappone (*m*) protector of prostitutes, pimp

parabola curve, parabola

paracadudista parachutist

paralume (*m*) lampshade

paramilitare paramilitary

paranoico paranoid

parapetto parapet

parata parry, defence

parte, a aside

partita game

partito political party

passaggio, di passing by

passare to pass over, to excuse

patentare to certify

patentato licensed, certified

patto, a patto che on condition that

pazzesco zany, mad

pellegrino pilgrim

penitenziario prison

pennarello felt-tip pen

pensata idea

pensionato pensioner

penzoloni dangling

perdere la trebisonda to lose one's head

perdere le staffe to lose one's temper

perdipiù [per di più] what's more, moreover

perdonare to forgive

perentorio peremptory, sharp, imperious

perfino even

pericoloso dangerous

perizia expert report

perlina imitation pearl

permaloso touchy

pernacchio rude noise or gesture, 'raspberry'

perseguitare to persecute

pesante heavy

pesare to weigh, to hang over

pestare to beat up

pestato beaten up

pettegolezzo gossip

pettorina dicky, bib

pezza patch

pezzo grosso important person, heavy weight

pianerottolo landing

piantala! stop it!, cut it out!

piantare to leave, to abandon

piantare in asso to abandon, leave in the lurch

piantarla to stop it, to give over

pianto tears, weeping

piantone person on guard

piatto, di with the palm (of hand)

piazzale square

piazzare to place

picchiare to beat

picchiata beating, swoop

piccolo borghese (*adj*) lower middle class

piè, a ogni piè sospinto constantly

piedi, andare a piedi giunti   to leap in
piglio   expression, attitude
pinza   pliers
piromane (*m/f*)   pyromaniac
pista   track; lead, clue
placarsi   to calm down, to subside
platea esaurita   full house (of theatre)
pollice (*m*)   thumb
polmonite (*f*)   pneumonia
polso   wrist
pontefice (*m*)   pontiff, pope
porcheria   dirt
porco boia!   bloody hell!
porco cane!   bloody hell!
porco giuda!   bloody hell!
porgere   to offer, to hand
portare male   to bring bad luck
portiera   door
posare   to put (down)
posticcio   false
potere (*m*)   power
poveraccio   poor fool
preavvertire   to warn
precipitante   person who is falling
precipitare   to fall
precipitarsi   to rush
predella   platform
predellino   footboard
premere   to put pressure on
premessa   introduction, premise
premio   prize
prendere in giro   to take for a ride
prendere per il sedere   to muck
   (someone) about
prendersela   to take it; to be offended
preoccuparsi   to worry, to be
   concerned
preparato   prepared, well trained
preposto   placed in command of
presa   hold
presa di coscienza   awareness
presa in giro   leg-pull, joke
presentat'arm!   to present arms
pressione (*f*), **fare**   to put pressure on
presto, al più   as quickly as possible
presunto   presumed
prete (*m*)   priest
prevenire   to anticipate, to prevent
preventativamente   as a precaution

prevenuto   biased, prejudiced
previdente   showing foresight
primo tempo   first act/part
probante   providing proof of evidence
processo   trial
procurare   to cause; to obtain; to try
profumato   scented, perfumed
promuovere   to promote, to pass
pronome   pronoun
propogandatore   salesman, advertiser
proscenio   proscenium, forestage
proseguire   to continue, to carry on
prova contraria, fino a   until there is
   proof to the contrary
prova finestra   window test (as in
   advertisement for washing deter-
   gents)
provenire   to come from
provocatore (*m*)   agent provocateur
provocatorio   provocative
provocazione (*f*)   provocation
psichiatra (*m/f*)   psychiatrist
psicofisico   psychophysical
psicologo   psychologist
pugno   punch
  di suo pugno   with/in her/his own
     hand
punibile   punishable
punire   to punish
punteggiatura   punctuation
puntina   drawing pin
pupilla dei suoi occhi   apple of his eye
purché   provided that, so long as
purtroppo   alas, unfortunately

quadrare   to add up, to square, to fit in
qualora   if
quanto   how much
  in quanto   in as much
quattrocchi, a   privately
questore (*m*)   chief constable
questura   police headquarters
quinta, le quinte   wings (of theatre
   stage)
quisquilia   trifle

rabbia   rabies; anger
raccattare   to pick up
raccogliere   to collect, to gather

raffigurare to represent
raggiungere to reach
ramingo wandering, roaming
rammentarsi to remember
rantolare to have the death rattle; to wheeze
rantolo death rattle; wheeze
rapito stolen
raptus seizure
razza kind; race
razzo, come un like a shot
reagire to react
reato crime
reato grave serious crime
reazionario reactionary
recitare to act, to play (a part)
redarguire to reprimand, to reproach
reggere to make sense, to stand up
registratore (*m*) tape recorder
registrazione (*f*) recording
regola, di normal[ly]
religioso priest
Renania Rhineland
rendersi conto to realise
replica repeat performance
replicare to answer, to reply
reprimere to repress
restare a (*impersonal*) to remain to
revisione (*f*) revision, review
riabilitarsi to redeem oneself
rianimare to bring back to life
riavvitare to screw back on
ribaltare to overturn, to reverse
ribelle (*noun*) rebel
ribelle (*adj*) rebellious, resistant to
ricapitolare to recap, to sum up
ricattare to blackmail
ricatto blackmail
ricetta prescription
ricettario prescription pad
richiesta request
ricorrere a to turn to, to have recourse to
ricoverare to hospitalise
riderci sopra to laugh about it
ridotto reduced
rifiutarsi to refuse
riflettore (*m*) spotlight, spot
rigato striped

riguardante regarding
riguardo: nei vostri riguardi in your regard
rilievo importance
rimandare to postpone
rimanere to remain
rimbalzare to bounce
rimbambito stupid, senile
rimettere to replace
rimontare to come up
rincoglionito senile
rincorrere to chase
rincorsa, prendere la to make a run for it
rincretinito feeble-minded
rinfacciarsi to reproach/abuse one another
ringhiera railing
rinunciare to give up
rinviare to postpone
ripicca, per out of spite
riportare to bring back
riprendere a to start again to
riprendersi to recover
riquadro square
risalire to come up again
risata laugh, laughter
risatina giggle
riscontrabile verifiable
risentimento resentment
risolutivo final
rissa affray, riot
risultare (*impersonal*) to appear, to seem; to ensue
risvegliare to awaken
risvolto implication
ritardato retarded, delayed
ritardo delay
  in ritardo late/slow (of watch)
ritenere to consider, to think, to believe
  essere ritenuto to be considered
ritrattazione (*f*) retraction
ritratto portrait
riunione (*f*) meeting
riuscire a to be able to, to succeed, to manage to
riversare to transfer (from tape to tape)
rivolgersi to turn

rivoltella revolver
rocchetto spool
rogna nuisance, trouble
rompiscatole *(m/f)* pest, pain in the arse
rosato rose-coloured
rotellina little cog
rotocalco illustrated magazine
rottura break
rovesciamento overturning
rovescio back, the other side
rovinare to ruin; to come to grief; to crash
rubare to steal, to take
rutto, ruttino belch, burp

sacco, un sacco di lots of
sacerdote *(m)* priest
sacro sacred
sadico sadist
saldatore *(m)* soldering iron
saliera salt cellar
saltabecco, a hopping
saltafosso bidone huge dirty trick
saltare addosso to attack
saltare fuori to come out, to emerge
saltare in mente to come to one's mind
saltare per aria to explode, to go up in smoke
saltatore *(m)* jumper, hurdler
saltellare to bounce
salti mortali, far i to try one's utmost
salto mortale somersault
salvare to save
salvo except
sano healthy; sane
sbagliarsi to be mistaken
sbaraglio, buttarsi allo to chance one's arm
sbattere to knock, to slam, to sling
sbattere al cesso to drop in the shit
sbattere via to chuck out
sbilanciarsi to compromise oneself
sbirro cop, policeman
sbragare to unbutton, to relax
sbragata easing off, relaxation
sbrigarsi to hurry up
sbroffare to boast, to claim
sbucare to pop out

scacciato hounded
scala step
scaldarsi to get worked up
scale *(fpl)* stairs
scandalo scandal
scantonare to avoid the issue; to dodge prison
scappare to escape, to slip away
scappellotto slap
scaraventare to hurl, to fling
scaricamento off-loading, passing the buck
scaricare to dump; to unload
scaricato unloaded
scarpa shoe
scartare to discard, to throw out
scartoffia paperwork
scatenare to provoke
scattare to release
scattino jerk, small movement
scatto sudden movement
scatto, di suddenly
scelta, a as you like
scempio, fare to ruin, to destroy
sceneggiata scene, screenplay
sceneggiatura screenplay
scenografia stage design, scenery
scherzare to joke
scherzo joke
schiacciante, prova
   schiacciante irrefutable evidence
schiacciare to crush, to overwhelm
schiaffare to shove
schiaffo, schiaffone slap
schiantarsi to crash
schifo disgust
schifoso disgusting, lousy, revolting, despicable
schizzare to come out, to dart
scientifica forensic office
sciopero strike
scivolare to slip
scivolata slide
scivoloso slipping, sliding
scocciare to annoy
scodinzolare to wag its tail (of dog)
scombinato misfit, useless person
scomparire to disappear
scomporsi to become upset

173

sconcertante disconcerting, worrying, upsetting
sconfitta defeat
sconforto dejection, despondency
sconsolato dejected
scontrarsi to clash
scontro clash
sconvolto upset, distraught
scopa Italian card game
scoperto obvious, open
scoppiare to explode, to burst
scoppiare in lacrime to burst into tears
scoppio explosion
scoppio ritardato delayed explosion
scoprire to discover
scoprire delle belle to discover a thing or two
scoramento dejection
scozzonare to break in (of horses); to rough up
scrivere a macchina to type
scuotere to shake, to rouse
scurrile scurrilous
sdegno indignation
sdraiarsi to lie down, to stretch out
seccarsi to become annoyed
seccato annoyed
secco sharp
sedere (*noun*) bottom
segnare to make a note of
seguire to follow
selciato pavement
seminare to sow, to dot about
seminterrato basement
semmai if anything
senatore (*m*) senator
sennò [= **se no**] otherwise, or else
sensibile sensitive
sentenziare to pass sentence
seppellire to bury
serale (*f*) night school
servizio (press) report; service
settebello seven of diamonds (worth one point in 'scopa')
settimana enigmistica weekly puzzle and crossword magazine
sfasciare to ruin, to shatter, to smash
sferrare to land (a blow)

sfizio, per for fun
sfogarsi to let off steam
sfogliare to turn over the pages, to leaf through
sfottente teasing
sfottere to tease, to take the mickey
sfottò joke
sfottuto persecuted, mucked about, fucked up
sfracellarsi to smash
sfracellato smashed up
sfruttamento exploitation
sfruttare to exploit, to overwork
sfruttatore (*m*) exploiter
sgarbato impolite, rude
sgarrare to make a mistake, to step out of line
sghignazzare to guffaw, to laugh scornfully
sghignazzo scornful laugh
sgozzare to cut someone's throat, to butcher
sgrammaticato ungrammatical
sguaiato coarse, vulgar
sguazzarci to be at ease, to delight in
sguincio, di askew
sí (*see* **cosí**)
siccome since, because
significato meaning
silicosi (*f*) silicosis
simulatore (*m*) impersonator
sindacalista (*m/f*) trade unionist
sindaco mayor
sinistra left
sinistrismo left-wing tendency
sintassi (*f*) syntax
sipario curtain (of theatre)
siringa syringe
slacciare to unlace, to undo
slancio impulse, impetus
slittare to skid, to skip
sloggiare to clear off
smaltire to get over (something)
smaniare to become agitated
smarronare to make a mistake
smascherare to uncover, to unmask
smentire to deny
smetterla to stop (doing something)
smontare to take apart

174

smorfia grimace
smorfie, fare to make faces
socchiuso half-closed
soccombere to give in
socialdemocrazia Social Democracy
soffermarsi to pause
soffiare to blow
soffiata tip-off
soffice soft
soffocato stifled
solito usual, customary
sollecitare to arouse, to encourage, to urge
sollevare to raise
sommerso overwhelmed, submerged
sopportare to suffer, to put up with
sopraelevato raised
soprannominare to nickname
soprascarpa overshoe
sornione mischievous, crafty, sly
sorpassare to overtake
sorreggere to support
sorrentino from Sorrento
sortire to result, to come out
sospendere to adjourn
sospetto (*noun* and *adj*) suspect
sospingere to push
sostenere to support, to assert, to maintain
sotterrare to bury
sottomano within reach
sottomissione (*f*) submission
sottopiede inner sole (of shoe)
sottostante underneath, below
sovvenzione (*f*) grant, subsidy
sovversione (*f*) subversion
sovversivo subversive
spaccare to split open
spacciare to sell off
spacciarsi per to pass oneself off as
spacciato done for, finished
spalancare to open wide
spalancato wide open
sparar frottole to exaggerate
sparare to shoot
sparata tall story; exaggerated price
spariglio split set (in card game)
sparuto small, meagre
spassoso funny, amusing

spazientirsi to lose patience
speranza hope
spettatore (*m*) spectator
spingere to push
spionaggio espionage
spiritoso witty
sporcare to sully, to dirty
sporco dirty
sporgere da to lean out of
spostare to move, to shift
sprangare to bolt, to lock
sprovveduto inexperienced, naive
spruzzo spray
spuntare to come through, to appear
sputare to spit
squadrare to look (someone) up and down
squillare to ring
staccare to detach
stacco break
stagno solder
stampa press
stangare to beat, to thrash
stendere to write out, to draw up (document)
sterco shit, dung
stima estimate
stipendio salary
stordito stunned
stracciare to tear up
straccio rag, tatter
strafregarsene not to give a damn
strage (*f*) slaughter
strampalato strange, eccentric
strappare to tear (up)
strattone (*m*) pull, tug
stregua, all stregua di on a par with
stretta handshake
stringere to press
stringere i denti to grit one's teeth
stringere mani to shake hands
strizzare l'occhio to wink
strizzato squeezed
strofinarsi to rub
stronzata crap, bullshit
strumento instrument
strumento di contenzione instrument of restraint
studiato deliberate, studied

subire   to suffer
succhiotto   dummy (rubber teat for babies)
succubo   with no will of one's own
suddetto   above/previously mentioned
sudore (*m*)   sweat
suolo   ground
superperizia   expert enquiry
supposta   suppository
susseguirsi   to follow each other
sussistere   to exist; to hold good
sussurrato   whispered
svanito   feeble-minded
svelare   to reveal
svellere   to get rid of, to uproot
svelto   uprooted, removed
sviluppo   development
svolgere   to develop, to carry out

tacchetto   heel
tacco-punta   heel-toe
taccuino   notepad
tacere   to be silent
taglio, di   edgeways
taglio, luce di   side lighting (theatre)
tallone (*m*)   counterfoil; key card
tamponare   to stop up
tanto per cominciare   to begin with
tappare   to plug, to stop up
tappo   a short person
tardo   slow
tariffa   charge, rate
tasso di sconto   discount rate
tazza   lavatory pan
teatrante (*m/f*)   actor, 'ham'
telegiornale (*m*)   television news
tenacia   tenacity, steadfastness
tendenzioso   tendentious
tenente (*m*)   lieutenant
tenerci   to care about
tener duro   to hold firm
tenore (*m*)   tone
termine (*m*)   term
termometro   thermometre
terremoto   earthquake
tessere   to weave
tessere le lodi   to sing someone's praises
testa, in   in the lead

testimone (*m/f*)   witness
testimonianza   evidence, proof
testimoniare   to testify
testuale   precise
ticchettio   tinkle, ticking
timbro   rubber stamp
tirare bidoni a   to play dirty tricks to
tirare fuori   to pull/draw out
tirare il collo a   to wring someone's neck
tirare l'acqua   to pull the chain (of lavatory)
tirarsi addosso   to throw at each other
titolo di studio   qualification
toccare   to touch
toccare a   to be the turn of
toccato   affected, concerned
togliere   to remove, to take away/off
tomba   tomb
tondo   round
tonfo   thud
torto   twisted
torto, dare torto a   to say someone is wrong
torvo   menacing, grim
tosse (*f*)   cough
tournée   tour
traballante   tottering
trabocchetto   trap
tralasciare   to omit
tramonto   sunset
trancia   shearing machine (in factory)
tranello   snare, trap
tranquillizzare   to calm down, to reassure
trappola   trap
trascinare   to drag
trascorrere   to pass/spend (time)
trasformista   quick-change artiste
trasposizione   transposition
trattarsi   to be about
trattenere   to detain
traumatizzare   to traumatise
travestire   to disguise
tremebondo   all of a tremble
tremendo   terrible; great
tripede   three-footed
tromba delle scale   stairwell
trombetta   trumpet

tronco, licenziare in   to sack on the spot
trucco   trick; make-up
truffa   fraud, swindle

urlare   to yell, to shriek, to shout
urlo (*pl.* **urla**)   howl, shriek

vacca   cow
vagante   travelling, wandering
vagone (*m*)   railway carriage
valutazione (*f*)   assessment
vandalico   vandal, vandalistic
vanvera, a   at random
vapore   steam
variante (*f. noun*)   **variation, alternative**
vecchiaia   old age
vedova   widow
velatino   gel., gelatin (of theatre light)
veleno   poison
velleitario   fanciful
veloce   quick, quickly
vena, in   in the mood
venire a galla   to emerge, to come to the surface
venire in aiuto   to come to someone's help
ventaglio, a   fan-shaped
ventre   stomach
verbale (*m*)   report, statement
vergogna   shame
vergognarsi   to feel ashamed

verme (*m*)   worm
versato   paid, deposited
verso, fare il   to mimic
vescovo   bishop
veste, in veste di   in the capacity of
vetrino   little piece of glass
vetro   glass, window pane
vettura   car
vice   deputy
vicenda   event
vigliacco   coward[ly]
vilipendio   contempt
villania   bad manners
villano   peasant; ill-mannered person
vipera   viper
virgola   comma
viscere (*f pl*)   entrails, 'insides'
vita   waist
vita, su con la vita!   shoulders straight!, cheer up!
voce!   louder!
Volante (*m*)   Flying Squad
volo   flight
volta, a nostra   in our turn
voltare le spalle   to turn one's back
voltarsi   to turn round

water (*m*)   lavatory

zittire   to silence. to hush; to hiss, to boo.
zitto   silent
zitto!   shut up!
zoppo   lame